Fam. Pohl

HEYNE
BÜCHER
SACHBUCH

W0075786

Bernhard Günter

Bill Gates

Vom Computerfreak
zum reichsten Mann Amerikas

Eine einzigartige Erfolgsstory unserer Tage

Originalausgabe

WILHELM HEYNE VERLAG
MÜNCHEN

HEYNE SACHBUCH
Nr. 19/371

Bildnachweis:

action press S. 8, 22, 44 (N. Feanny), 128,
154 (Imapress), 182, 222, dpa S. 70 (VOTAVAFOTO)
Süddeutscher Verlag S. 104

Redaktion: Dr. Andreas Gößling

Printed in Germany 1995
Umschlagillustration: action press / saba press
Umschlaggestaltung: Atelier Adolf Bachmann, Reischach
Satz: Fotosatz Völkl, Puchheim
Druck und Verarbeitung: Ebner Ulm

ISBN 3-453-08957-X

Inhalt

»*Die Aktien sind am Freitag um 1,75 Dollar gestiegen. Bill hat
78 000 000 Anteile, das heißt, er ist jetzt um 136,4 Millionen Dollar
reicher. Ich habe fast keine Aktien, und das heißt, ich bin ein Verlierer
... Im Laufe des Tages sind die Aktien um 85 Cents gefallen. Das bedeutet, Bill hat heute 70 Millionen Dollar verloren, wohingegen ich nur
einfach alles verloren habe. Aber wer wird wohl besser schlafen können?*«

DOUGLAS COUPLAND IN MICROSERFS

»*Die Hauptsache ist doch, welche Vorteile die neuen Technologien mit
sich bringen werden: Bringen wir damit die Medizin voran, können
wir womöglich das Bildungswesen verbessern – das ist es, was wirklich
zählt.*«

BILL GATES 1993 IM SPIEGEL

»*Aber ein Hauptpunkt ist genau der, daß wir alle nur zu sehr aus der
Welt einen Computer gemacht haben und daß diese abermalige Er-
schaffung der Welt nach dem Bild des Computers lange begonnen hatte, bevor es elektronische Computer gab.*«

JOSEPH WEIZENBAUM IN DIE MACHT DER COMPUTER UND DIE
OHNMACHT DER VERNUNFT

I. Die multimediale Gesellschaft des Bill Gates

>»Die Aktien sind am Freitag um 1,75 Dollar
>gestiegen. Bill hat 78 000 000 Anteile, das heißt,
>er ist jetzt um 136,4 Millionen Dollar reicher.
>Ich habe fast keine Aktien, und das heißt, ich bin
>ein Verlierer ... Im Laufe des Tages sind die
>Aktien um 85 Cents gefallen. Das bedeutet, Bill
>hat heute 70 Millionen Dollar verloren, wohin-
>gegen ich nur einfach alles verloren habe. Aber
>wer wird wohl besser schlafen können?«
>
>DOUGLAS COUPLAND IN *MICROSERFS*

Sie hatte schon viele erfolgreiche Menschen fotografiert, mit dem Sucher Gesichter abgetastet, deren Augen Erfolg verrieten, deren Iris Durchsetzungsvermögen und grenzenlosen Ehrgeiz widerspiegelte. Es war für sie nichts Neues, Männer und Frauen von ungeheurem wirtschaftlichem Kaliber und gewaltiger Dollar-Potenz auf Film zu bannen. Prominenz konnte sie längst nicht mehr beeindrucken, zu viele Wirtschaftsbosse, Stars und Sternchen hatte sie im Laufe ihrer Karriere vor der Linse gehabt, in einem anderen, besseren Licht dargestellt, ihnen ein neues Bild, ein neues Image verpaßt. Sie verwandelte ihre Körper, ihre Köpfe und ihre Leistungen in Kunst – fotografierte Kunst. Doch dieses Mal fühlte selbst die Starfotografin Annie Leibovitz den Reiz eines Novums. Sie spürte die Macht, die sie in diesem Augenblick besaß – sie blickte durch den Sucher und konnte mit kurzen Kommandos die Medienwelt von morgen ein wenig nach rechts oder links dirigieren.

Vor dem Objektiv ihrer Kamera saßen und standen die Medienchefs der Welt, von David Geffen bis Bill Gates, unbeholfen zusammengekauert, lässig, die Hände in den Hosentaschen, den Kopf leicht zur Seite geneigt, in lockerer Freizeitkleidung, eine legere Dominanz der Holzfäller- und Polohemden.

Das »neue Establishment«, so textete dazu das US-Magazin *Vanity Fair*, befand sich für kurze Zeit in ihrer Hand. Sie konnte den Medienmoguln der Welt befehlen, wie sie sich vor der Kamera zu gebärden hatten.

Der Hintergrund der grünbraunen Hügel von Sun Valley und die drei Nadelbäume, die das Gruppenbild ohne Dame wie ein Passepartout begrenzten, gaben dem Foto einen unbeschwerten Touch, so daß es wirkte wie die Aufnahme einer mittelmäßigen College-Baseballmannschaft. Doch Annie Leibovitz wußte, daß sich hinter dem knabenhaften Lächeln der Medien-Tycoone die Kälte eines unerbittlichen Verdrängungswettbewerbs verbarg.

Die Männer des »neuen Establishments« befehden sich ständig, ringen um uneingeschränkte Macht und Milliarden von Dollar. Gekämpft wird mit harten Bandagen, ohne Rücksicht auf Verluste.

Barry Diller und Sumner Redstone – der Besitzer von Viacom, dem drittgrößten Medienkonzern der Welt und dem Zuhause der Kids, der Musikvideo-Abspielstation MTV – hatten gerade um die Paramount-Studios gefightet, und Redstone war für den Preis von zwei Milliarden Dollar als Sieger aus dem Wettbewerb hervorgegangen. Der Disney-Chef Michael Eisner – er vergrub etwas unsicher die Hände in seiner ockerfarbenen Freizeithose und grinste unter seiner roten Baseballmütze in die Kamera – hatte gerade seinem Studiochef Jeffrey Katzenberg gekündigt, der jetzt zwei Reihen vor ihm scheinbar friedlich im Gras saß. Kurz vor dem Treffen der Medienbosse hatte sich der 52jährige Eisner erst von einer vierfachen Bypass-Operation erholt. Nur drei Personen voneinander entfernt standen Edgar Bronfman und Gerald Levin, die gerade um die Vorherrschaft bei Time Warner, dem weltgrößten Medienkonzern der Welt, wetteiferten. Und auch die anderen sind sich nicht immer grün: Rupert Murdoch, mit seinem weltumspannenden TV-Sendernetz – seit Jahren versucht er mit allen erdenklichen Mitteln, auch im Print- und Multimediabereich die Nummer eins zu werden –, David Geffen, der milliardenschwere Popmusikimpresario, Wayne Huizenga, der Chef von Blockbuster Entertainment, Warren

Buffet, James C. Kennedy, Scott Sassa, der Präsident der Turner Entertainment Group, Michael Ovitz, John Malone und Herbert Allen, der Multimedia-Papst. Eigentlich fehlte nur noch der deutsche Bertelsmann-Chef Mark Wössner. Hätte auch er für dieses Gruppenbild posiert, dann hätte Annie Leibovitz fast 80 Prozent der Medienmacht der Welt auf eine Fotografie gebannt.

Ihr wurde das von Minute zu Minute klarer. Sie gab David Geffen das Kommando, seine Hände nicht gar so verkrampft zwischen den Beinen seiner ausgewaschenen Jeans zu verbergen, und ließ noch einmal ihren Blick über die Szenerie schweifen. Es schien alles in Ordnung zu sein.

Sie bückte sich über den Sucher, kniff das freie Auge zu und sah, wie sich am äußeren linken Bildrand ein Mann, der ein blaßgelb-blaues Polohemd trug, durch ständiges Vor- und Zurückwippen immer wieder aus dem Bild schob. Zwar grinste der jugendlich aussehende Mann voller Freude in die Kamera, doch sie wußte ganz genau, daß ihm dieser Fototermin schon wieder viel zu lang dauerte. Die Fransen seiner dunkelblonden Pagenfrisur hingen ihm etwas wirr in die Stirn. Die listigen Augen hatte er hinter seiner Brille zusammengekniffen, so daß sein Lächeln wie eingefroren wirkte. Er wollte wahrscheinlich nur weg, einfach nur raus aus dem Bild. Als der Verschluß der Kamera mehrmals hintereinander klickte, riß er sich noch einmal sichtlich zusammen, professionell wie bei allem, was er tat. Annie Leibovitz wußte das, sie kannte ihn schon lange genug, den Chef des weltgrößten Software-Hauses Microsoft, Bill Gates, den typisch amerikanischen Polohemdträger.

Es fällt einem schwer, betrachtet man jetzt das Bild in *Vanity Fair*, nicht an das Foto des »Sneakers« zu denken, der sich, die Pudelmütze tief ins Gesicht gezogen, auf den Schreibtisch des Computerraums der Lakeside School in Seattle fläzte.

Auch als Enddreißiger hat Gates noch überraschend viel Ähnlichkeit mit diesem kleinen, für viele unbequemen, computerverrückten Jungen von einst. Inmitten der anderen Media-Bosse wirkt er wie der Liftboy, der einen im Hotel nach oben fährt, immer freundlich grüßt und deshalb mit aufs Bild darf.

Aber vielleicht ist es genau das, was Gates groß gemacht hat: Er wurde wegen seines jugendlichen Aussehens von seinen Geschäftspartnern häufig unterschätzt. Doch der Chef und – neben Paul Allen – Mitbegründer von Microsoft ist ein knochenharter, oft auch cholerischer und vor allem egoistischer Geschäftsmann, der seit seiner Jugend nur zwei Ziele kennt: Er will die Informationsgesellschaft über den Personalcomputer neu definieren und eine Milliarde nach der anderen scheffeln.

William H. Gates III – er ist der dritte Bill in der Gates-Dynastie – ist 39 Jahre alt und heute Chairman und Chief Executive Officer der Microsoft Corporation. Bei Microsoft wiederum handelt es sich um den weltweit führenden Hersteller von Software für Personalcomputer. Die Microsoft Corporation beschäftigt etwa 15000 Mitarbeiter in 27 Ländern und erwirtschaftete im Geschäftsjahr 1994 einen Gesamtumsatz von 4,65 Milliarden US-Dollar. Die Rücklagen, die

Microsoft in der nun 20jährigen Firmengeschichte bilden konnte, wirken ebenso imposant: Über drei Milliarden Dollar können die Software-Giganten aus Redmond flüssigmachen, und die Microsoft-Aktie notierte im Juni 1994 sogar auf dem Rekordhoch von 54 Dollar pro Stück.

Bill Gates selbst war 1994, zumindest laut *Forbes*, dem Wirtschaftsmagazin der neuen Busineß-Generation, mit einem Barvermögen von 8,2 Milliarden US-Dollar nicht nur der reichste Repräsentant dieser Generation, sondern auch der Mann mit dem größten Privatvermögen in den USA und – nach dem Japaner Tsutsumi Yoshiaki – der zweitreichste Mensch der Welt. Nur die Familien Walton, Mars, Du Pont und Rausing haben noch mehr Dollar verdient – doch diese müssen ihr Vermögen miteinander teilen. Gates hingegen besitzt die Milliarden allein und investiert sie vor allem in sein Unternehmen. Nicht zuletzt deshalb vermehren sie sich von Jahr zu Jahr – bei weiterhin steigender Tendenz.

Bill Gates ist der Mann bei Microsoft, der die technischen Visionen zu neuen Produktideen hat und die Technologie-Ideen für Computeranwendungen, Programmiersprachen und Betriebssysteme liefert. Er ist aber auch derjenige, der diese Ideen an den Käufer bringt und die Firma als kleiner Despot regiert. Trotzdem sehen ihn viele immer noch als den Jungen mit der großen Brille und einem ausgeprägten Faible für das Werkzeug, das die Informationsgesellschaft geprägt hat – den Computer.

Der Versuch, ein Persönlichkeitsprofil von Bill Gates zu entwerfen, muß notgedrungen in einer Ambivalenz der Adjektive enden: schüchtern und machtbessessen, konzentriert und ungeduldig, erfolgreich und verspielt, eigenwillig und teamorientiert, nett und cholerisch ... All das sind Widersprüche, die ein geniales Ganzes ergeben, die Struktur eines Mannes, der immer zur rechten Zeit am rechten Ort war.

Um überhaupt ein Gefühl für die Karriere von Bill Gates zu bekommen, sollte man zuerst die Zahlen sprechen lassen – Rekordmarken, die er mit seinem Unternehmen Microsoft in nur 20 Jahren erreicht hat. Sie sind die Ingredienzen für den Stoff, aus dem der amerikanische Traum gemacht ist: vom Tellerwäscher zum Millionär – in diesem Fall vom verkrachten Harvard-Studenten zum mehrfachen Milliardär.

Im Oktober 1994 gab die Microsoft Corporation die Ergebnisse des Geschäftsjahres 1994 bekannt. (Ein Geschäftsjahr dauert vom 1. Juli bis zum 30. Juni des darauffolgenden Jahres.) Der weltweit führende Softwarehersteller aus Redmond bei Seattle konnte in diesen zwölf Monaten einen Gesamtumsatz von 4,65 Milliarden US-Dollar erzielen. Dies entspricht im Vergleich zu 1993, als etwa 3,75 Milliarden US-Dollar auf den Bilanzpapieren verbucht wurden, einer Steigerung um 24 Prozent. Längst hat der Börsenwert von Microsoft den von General Motors überstiegen. Und was noch wichtiger ist: Der Nettogewinn lag bei insgesamt 1,15 Milliarden US-Dollar. Im Vergleich zum Vorjahr, in dem das Unternehmen 953 Millionen US-Dollar Gewinn notierte, stiegen die schwarzen Zahlen um ein weiteres Fünftel. Das Wachstum ist zwar nicht mehr so hoch wie in den Jahren zuvor, als Microsoft den Umsatz Jahr für Jahr verdoppeln konnte, aber der Betrieb in Redmond ist auch nicht länger die kleine, aufstrebende »Garagenfirma« wie zu Beginn der achtziger Jahre. In der Zwischenzeit entwickelte sich die »Klitsche« zum Branchenriesen, der sein Terrain verteidigen muß. Darüber hinaus schätzt man, daß auch die Goldgräberjahre im Computer- und Softwaregeschäft langsam zu Ende gehen – so wird aller Voraussicht nach der Markt für die traditionelle Software in den nächsten Jahren nur noch im einstelligen Bereich wachsen. Darauf weiß man sich jedoch in Redmond einzustellen. So lag auch der Gewinn pro Aktie bei 1,88 US-Dollar, wieder 31 Cents höher als im Vorjahr, den Zwei-zu-eins-Aktiensplit vom Mai 1994 bereits mit eingerechnet.

Und die Zahlen sähen noch besser aus, wäre der leidige Rechtsstreit mit Stac Electronics nicht gewesen: Microsoft mußte einen Betrag von 120 Millionen US-Dollar für Schadensersatzforderungen im Patentstreit mit Stac Electronics zurückstellen und später auch zahlen – der Branchenführer hatte angeblich die Urheberrechte der kleinen Software-Firma verletzt. Im Verlauf des Prozesses konnte man sich allerdings mit den Anwälten und Managern von Stac einigen und die Streitigkeiten beilegen. Ohne diese Kosten des Prozesses und der Einigung mit Stac hätte sich der Nettogewinn von Microsoft im Geschäftsjahr 1994 sogar auf 1,21 Milliarden US-Dollar belaufen, der Gewinn pro Aktie wäre auf fast zwei Dollar geklettert.

Mike Brown, der für die Finanzen verantwortliche Vice President von Microsoft, erklärte auf der Bilanz-Pressekonferenz lakonisch: »Wir haben nun das 19. Geschäftsjahr in Folge mit Wachstum in Umsatz und Gewinn abgeschlossen.«

Brown führte die positive Geschäftsentwicklung vor allem auf die hohe Marktakzeptanz der Microsoft-Produkte zurück: »Rekordumsätze konnten wir auch weiterhin mit Microsoft Windows sowie dem Büro-Komplettpaket Microsoft Office erzielen.«

Selbst die Allianz von IBM und Apple, die Marketing-Offensive für OS/2 von »Big Blue«, alias IBM, konnte den Umsatzbereich Betriebssysteme nicht einmal tangieren. Die »Allianz der Plattfüße«, so der *Spiegel* im November 1994, konnte eine Steigerung bei den Microsoft-Betriebssystemen um 61 Prozent gegenüber dem letzten Geschäftsjahr nicht verhindern. Joachim Kempin, Senior Vice President der Microsoft Corporation, kommentierte das so:

»Der Verkauf unserer Betriebssysteme war im vergangenen Geschäftsjahr außergewöhnlich stark, was auf die große Beliebtheit und breite Akzeptanz von Microsoft Windows bei Anwendern und Hardware-Herstellern zurückzuführen ist. Heute bieten weltweit mehr als 400 Hardware-Hersteller ihre PC-Systeme mit Microsoft Windows an, und Tausende von Firmen arbeiten an der Entwicklung von Windows-Applikationen.«

Das Kürzel MS und die unverkennbaren Hologramme auf den Verkaufspackungen sind schon fast zum Synonym für einen Industriestandard geworden – und Bill Gates zu deren Ikone.

Einer der Schlüssel zum Erfolg ist das ausgeklügelte Marketing der Redmond-Leute. Fast das Doppelte des Budgets, das in Forschung und Entwicklung investiert wurde, nämlich rund 1,4 Milliarden US-Dollar, floß in den Vertrieb und das Marketing von Microsoft-Produkten. Dabei stieg selbst der Forschungsetat mit 140 Millionen Dollar überproportional an – man spürt die Verfolger und Nachahmer im Nacken, hat aber die Gefahr wieder frühzeitig erkannt und will vor allem im Multimedia-Bereich zum Marktführer der Computer-Evolution werden. Insgesamt 15 000 Mitarbeiter sind weltweit damit beschäftigt, die Geschäfte von Microsoft zu ordnen und neue Möglichkeiten für die Corporation aufzutun.

Es sind aber nicht nur die Zahlen, die den Erfolg von Bill Gates ausmachen und das Einzigartige seiner Erfolgsstory illustrieren. Bill Gates hatte von Anfang an nicht nur den in harten Dollars meßbaren beruflichen Erfolg im Sinn. Er gehört zu der Generation von »Wiz-Kids«, die unser Zeitalter und auch unsere Gesellschaft mit ihren realisierten Visionen im Computerbereich verändert haben. Veränderungen, die unsere Gesellschaft umformen und die Wegbereiter einer neuen Kultur werden können: einer Multimediakultur.

Nicht nur unsere Medienrezeption und unsere Arbeitswelt, auch unsere Freizeit wird sich ändern. Wir werden
nicht mehr nur passiv Medien konsumieren, sondern mit
dem Handwerkszeug »Personalcomputer« eine Medien-
gesellschaft der Zukunft formen, in der die Mediennut-
zung via Computer zum aktiven, kulturellen und sozialen
Akt wird. Dieses Handwerkszeug haben wir nicht zuletzt
Bill Gates zu verdanken.
Die Pressestelle von Microsoft sieht die Entwicklung und
die Ziele ihres Chefs jedoch etwas nüchterner:
»Im Alter von 13 Jahren machte Gates bereits erste Erfahrungen in der Programmierung von PC-Software. Als
Undergraduate an der Harvard University entwickelte er
1974 die Programmiersprache BASIC für den MITS Altair,
den ersten Microcomputer. Bill Gates war schon immer
der festen Überzeugung, daß der Personalcomputer das
ideale Arbeitsinstrument sowohl im beruflichen als auch
im privaten Bereich werden sollte, was sich auch in seiner
ersten Vision widerspiegelt: ›A PC on every desk and in
every home.‹ Im Jahre 1975 gründete Gates dann zusammen mit seinem Freund Paul Allen die Firma Microsoft.
Gates' Visionen vom Personal Computing der Zukunft
prägten Microsoft sowie die gesamte Software-Industrie.
Als Stratege und Geschäftsmann ist Gates an den Techno-
logie-Entwicklungen von Microsoft direkt beteiligt und
spielt eine zentrale Rolle in der Leitung des Unternehmens. Mit Bill Gates an der Spitze von Microsoft gehört es
zu den großen Unternehmenszielen, die Softwaretechno-

logie kontinuierlich voranzutreiben und zu verbessern, um den Anwendern die tägliche Arbeit mit dem Personalcomputer einfacher und angenehmer zu gestalten. Mit bedeutenden Investitionen in neue Technologien, der Weiterentwicklung bereits verfügbarer Produkte und der Entwicklung neuer Produkte wird Microsoft seine Ziele weiter verfolgen, nämlich den kontinuierlichen Ausbau des Personal Computing.«

Das alles klingt nicht sonderlich visionär. Bill Gates ist aber – sowohl in der Computerbranche als auch in der Wirtschaftswelt – längst zu einem Mythos geworden. Generell haben der Computer und die Welt der Computer in unserer technisierten Welt Mythen geschaffen. Allerdings beinhalten diese auch massive Ängste, zum Beispiel die Angst vor unkontrollierbaren gesellschaftlichen Machtverschiebungen. Denn der Computer ist ein ideales Instrument für machtbesessene Menschen.

Ein Teil seiner Faszination liegt sicher auch in der Besessenheit, die er erzeugen kann. Eine Besessenheit, die eine Generation von »Cyberpunks« erzeugte, die ihre Gefühlswelten nur noch mit der technisierten Kühle einer Festplatte verschmelzen lassen, für die Bits and Bytes zum A und O der Weltordnung werden.

Die künftige Entwicklung wird aber mehr als nur das Gefühlsleben einiger Computerfreaks verändern. Die Verwirklichung der Visionen vom Data Highway und von Multimedia wird unseren Alltag einschneidender – und in ganz anderer Weise – revolutionieren, als die Orwellschen Alpträume von einem totalen Überwachungsstaat dies erahnen ließen. Mit seinem Aktionsprogramm befreite der amerikanische Präsident Bill Clinton die weitere Entwicklung der Medien- und Informationslandschaft gänzlich vom Touch des Irrealen. Es gehe darum, »eine Informationsrevolution auszulösen, die ein für allemal die Art und Weise ändern wird, wie Menschen leben, arbeiten und miteinander interagieren. Die Menschen könnten beinahe überall leben, wo sie wollen, ohne ihre Chance auf eine nützliche und erfüllende Beschäftigung zu beeinträchtigen, indem sie über die elektronischen Autobahnen in ihre Büros fahren. Die besten Schulen, Lehrer und Kurse wären für alle Studierenden verfügbar, unabhängig von Ort, Entfernung und finanziellen Mitteln.«

Bill Gates unterstützt hier, obwohl aus republikanischem Elternhaus, den demokratischen Präsidenten der Vereinigten Staaten: »Es ist ein großartiges Gefühl, endlich mit Politikern zu tun zu haben, die von der Bedeutung dieser Technologie überzeugt sind. Wir leben schließlich im Informationszeitalter, und unsere Vision läßt sich ohne superschnelle Informationsnetze nicht umsetzen. Wenn wir Computer in jeder Wohnung wollen, brauchen wir auch die Datenautobahn.«

Es bleibt abzuwarten, ob es gelingen wird, die Entwicklung der multimedialen Gesellschaft im Sinne von Bill Gates zu gestalten: »Der Computer soll allein dazu dienen, um Spaß zu haben: für ein schöneres Leben im kollektiven Geist.«

II. Es war einmal ein Mann, der die Zukunft sah

»Die Hauptsache ist doch, welche Vorteile die neuen Technologien mit sich bringen werden: Bringen wir damit die Medizin voran, können wir womöglich das Bildungswesen verbessern – das ist es, was wirklich zählt.«

BILL GATES 1993 IM *SPIEGEL*

Seit jeher verspürt die Menschheit das unstillbare Bedürfnis, Dinge zu erklären, für die es in menschlichen Denkmustern keine Entsprechungen gibt. Das gilt gleichermaßen für alle Epochen, für alle Kulturen und für jeden einzelnen Menschen. Der Rahmen des Rationalen muß gesprengt werden, um dem Unfaßbaren, dem Irrationalen und dem Unglaublichen das Bedrohliche zu nehmen. Wurde dem Nichtfaßbaren in der Frühzeit meist ein göttlicher Ursprung zugewiesen, so verlor sich in der Zeit der Aufklärung dieser religiöse Bezug weitgehend. Mythen wurden fortan als Märchen behandelt – als Phantasiegebilde ohne Wahrheitsgehalt. Erst in unserer technikgläubigen Welt räumt man dem Mythos – als emotionalem Gegenpol einer zu stark rational ausgerichteten Denk- und Lebensweise – wieder einen höheren Stellenwert ein. Jedoch können die Mythen der industriellen Welt sowohl spiritistischer und religiöser Art sein als auch soziale, wirtschaftliche und technische Inhalte haben. Es ist daher nicht vermessen, vom *Mythos Bill Gates* zu sprechen. Dies nicht, weil er oftmals als »Schöpfer der Software« bezeichnet wird – das ist denn doch zu weit hergeholt –, sondern deshalb, weil der wirtschaftliche Aufstieg des Selfmade-Milliardärs in normalen Kategorien wirtschaftlichen Handelns nicht mehr zu fassen ist. Seine kometenhafte Karriere, die Erfolgsgeschichte seiner Firma Microsoft, aber auch die Entwicklungen, die der Siegeszug des Personalcomputers in unserer Gesellschaft provoziert hat und noch provozieren wird, übersteigen die Grenzen des Nachvollziehbaren.

Die Legenden, die sich um diesen Aufstieg ranken, die tatsächlichen wirtschaftlichen und technischen Ereignisse und Zusammenhänge, die allesamt zu diesem Erfolg mit beitrugen, sind in der Tat erklärungsbedürftig.

Doch kann man diesen Mann wirklich rational beschreiben? Kann man seine Kauzigkeit, sein Genie, seine Extravaganz und seine sprichwörtliche Normalität einfach unter bestimmten Kriterien zusammenfassen und daraus eine allgemeine Theorie zur Erklärung des Gatesschen Erfolgs entwickeln?

Ich denke, nein – zumindest könnte eine solche Theorie das Phänomen nicht erschöpfend klären. Selbst die akribische Recherche seiner Biographie kann nicht alle Facetten dieses Mannes und seiner Geschichte ausleuchten. Darüber hinaus wird man die Person Bill Gates immer auch aus einem subjektiven Blickwinkel betrachten müssen. Zumal Gates es vorbildlich versteht, sein Privatleben abzuschirmen, wenig von sich preiszugeben und die Geschichten, die über seine Person kursieren, in seinem Sinne zu manipulieren. Daher kann die »letzte Wahrheit« über ihn und seinen Erfolg auch von diesem Buch nicht erwartet werden. Die Interpretation wird und muß immer auch im Bereich des Spekulativen bleiben.

Er wird verehrt, bekämpft, kopiert und verurteilt, er wird geliebt und gehaßt. Und die Legende Bill Gates ist zur Symbolfigur der gesamten Computerbranche geworden, ja vielleicht sogar zur Symbolfigur einer ganzen Nation. Einer Nation, der ihr unübersehbarer wirtschaftlicher Niedergang das so dringend benötigte Selbstbewußtsein raubt. Einer Nation, die solche Mythen braucht wie keine andere, um ihr Selbstwertgefühl zu wahren und immer wieder aufs neue zu stärken.

Der Aufstieg von Bill Gates führt der nordamerikanischen Nation, aber auch allen anderen Ländern dieser Erde noch etwas anderes deutlich vor Augen: Der neue Reichtum, die neue Produktivität, der neue Weg unserer Gesellschaft beruhen nicht mehr auf der rein industriellen Produktion von Gütern, sondern mehr und mehr auch auf Millionen Zeilen von raffiniert verschlüsselten Codes, von trickreichen Loops und beschleunigten Subroutinen, von überraschenden Feedback-Schleifen und simplen Wenn-dann-Befehlen, die ein Stück komprimierten Sand, den Silikonchip, in ein komplexes und höchst leistungsfähiges Instrument verwandeln. Mehr als jede andere Komponente wird die unerschöpfliche Ressource »Software« die Geschicke unserer Gesellschaft lenken. Das wird einem schnell klar, wenn man sich mit der Bill-Gates-Story beschäftigt.

Er hatte das richtige Gespür, den richtigen Riecher für diesen gesellschaftlichen, wirtschaftlichen und letztlich auch politischen Trend.

25

Es mag ja sein, daß er sich anfangs der Tragweite seiner Entscheidungen noch nicht bewußt war, aber er erkannte zumindest die große Chance, die die Evolution des Personal Computing mit sich brachte. Der Aufstieg der »Software-Klitsche« Microsoft und der Niedergang des Hardware-Multis IBM sind somit auch zu einem Synonym dieser gesellschaftlichen Entwicklung geworden – zu einem Lehrbeispiel für die schwindende Bedeutung der Produktion von Gütern und für die wachsende Wichtigkeit der Dienstleistungen, die zu immateriellen Produktionsfaktoren einer neuen Wirtschafts- und Gesellschaftsordnung wurden. Der Wechsel zwischen Industrie- und Dienstleistungsgesellschaft ist längst vollzogen. Nachdem bereits heute ein Löwenanteil der Dienstleistungen aus reinen Informationen besteht, stehen wir nun an der Schwelle der Informationsgesellschaft, die sich in den nächsten Jahrzehnten rasch zu einer Multimediagesellschaft weiterentwickeln und neue gesellschaftliche Wirklichkeiten schaffen wird. Ähnlich wie in grauer Vorzeit der Übergang vom Tauschhandel zum Geldverkehr die Gesellschaft neu gestaltet hat, wird jetzt der Übergang vom materiellen Gut zur immateriellen Information eine neue Gesellschaftsform begründen.

Bill Gates kann für sich in Anspruch nehmen, einige der Grundsteine dieser neuen Gesellschaftsform gelegt zu haben: Betriebssysteme, Anwenderprogramme, Hardware-Teile, die Computermaus, CD-ROM-Produkte und interaktive Multimedia-Anwendungen. Und niemand wird bestreiten können, daß er der Mann ist, der die Zukunft sah und sie kraft seiner Ideen gestaltete.

Sein Wort hat so manchen Trend in der Software-Entwicklung zur Lawine werden lassen, er hat neue Standards gesetzt, er ist zur Leitfigur einer ganzen Branche avanciert. Seine Kommentare, die er auf unzähligen Versammlungen, in sogenannten Thinktanks, auf gut vorbereiteten PR-Veranstaltungen, Podiumssitzungen und Interviews zur technischen Entwicklung kundtat, hatten meist die gleiche Wirkung wie einst der Daumen Caesars. Hielt er ihn nach oben, bedeutete dies Erfolg, hielt er ihn nach unten, blieb die Ernte mager, auch wenn man noch so viele Millionen Dollar in Entwicklung und Marketing gesteckt hatte. IBM kann mit seinem Betriebssystem OS/2, obwohl technisch immer eine kleine Nasenlänge voraus, ein trauriges Lied davon singen. Nicht umsonst nennen viele Bill Gates auch den Guru der »Wiz-Kids« und den Meister der Informationsgesellschaft. Das amerikanische Wirtschaftsmagazin *Fortune* bezeichnet Microsoft als »das innovativste Unternehmen, das in den USA tätig ist«.

Der Mut zu Innovationen, das Abtasten und Erkunden des Marktes, die Umsetzung der Visionen und eine nie erlahmende, von Gates selbst ständig eingeforderte Flexibilität haben Microsoft zu dem werden lassen, was es heute ist. Man muß sich immer wieder die Erfolgsstory ins Gedächtnis zurückrufen: Mindestens 85 Prozent aller Personalcomputer in der Welt – andere Quellen sprechen sogar von mehr als 90 Prozent – laufen unter Microsoft-Betriebssystemen, fast die Hälfte der gesamten Anwendungs-Software, die auf dem Weltmarkt erhältlich ist, kommt aus Redmond bei Seattle. Und alle werden unter dem Label MS oder Microsoft vertrieben: Microsoft Word, Microsoft Windows, MS-DOS – Microsoft wurde zu einem Markenartikel, der den Vergleich mit Coca-Cola nicht zu scheuen braucht. Die graphische Benutzeroberfläche Windows wurde nach anfänglichen Startschwierigkeiten weltweit über 60 Millionen Mal verkauft. Dies entspricht der gesamten Einwohnerzahl der alten Bundesrepublik – vom Säugling bis zum Greis. Treibt man das Zahlenspiel auf die Spitze und rechnet die Raubkopien hinzu, dann dürfte – rein rechnerisch – jeder Nordamerikaner ein Windows-Programm legal oder illegal sein eigen nennen. 7500 kompatible Programme benötigen Windows, um auf den Bildschirmen der Personalcomputer erscheinen und ablaufen zu können. Nicht zuletzt dank dieses Verkaufsschlagers aus Seattle hat der Börsenwert von Microsoft den von IBM oder General Motors übertrumpft.

Angesichts dieser wirtschaftlichen Erfolge ist es nicht immer leicht, sich auf die Ideologie oder die Visionen von Microsoft und Bill Gates zu konzentrieren. Es ist auch für einen Außenstehenden nicht einfach, die Visionen genau zu definieren, zumal Bill Gates und sein langjähriger Freund und Mitarbeiter, Nathan Myhrvold, Anfang 1995 mit einem eigenen Buch über die Zukunft der Software-Entwicklung und die Visionen einer multimedialen Gesellschaft in den Buchhandlungen präsent sein werden. Bereits 1989 haben beide in einem Artikel über die »Software für den Personalcomputer« in der Zeitschrift *Spektrum der Wissenschaft* spekuliert. Und sie haben mit einer großen Treffergenauigkeit die Entwicklung der Computerwelt umrissen.

Zusammen mit seinem damaligen »Entwicklungsleiter für fortgeschrittene Software« prophezeite Bill Gates immer neue Verbesserungen und Leistungssteigerungen beim Personalcomputer und somit ein exponentielles Wachstum der Software-Industrie: »Im Mittelpunkt steht dabei eine noch größere Bedienerfreundlichkeit. Objektorientiertes Programmieren, Spracheingabe, Kommunikations-Software, verbesserte E-Mail, Nutzung der Compact Disc als Informationsquelle und Audio-Video-Integration sind nur einige Schlagworte, welche die künftigen Trends beleuchten.«

Den beiden gelang es, dem Leser in sehr nüchterner und sachlicher Weise eine Idee zu vermitteln: wie der Traum vom perfekten elektronischen Sklaven zur Realität werden kann. Viele der damals geäußerten Visionen gehören heute bereits zum Standard, und die Prozessorentwicklung verlief sogar noch weitaus schneller, als von Gates vorhergesagt. Nach nur fünf Jahren sind die meisten Spekulationen längst Wirklichkeit geworden.

28

Man ersieht schon aus dieser einleitenden Betrachtung, daß sich die Person Bill Gates, seine Gedanken, seine Visionen und sein Auftreten nicht von den Erfolgen seiner Firma Microsoft abkoppeln lassen. Das heißt aber auch, daß die Beschäftigung mit diesem Thema nicht nur Einblick in eine Persönlichkeit und eine erfolgreiche Firma gibt, sondern auch ein großes Stück neuzeitlicher Technik- und Wirtschaftsgeschichte vermittelt – von einem geschichtlichen Abschnitt, der ebenso bedeutend ist wie die Geschichte von Johannes Gutenberg oder Henry Ford. Allerdings braucht man diese Etappe der Wirtschafts- und Technikgeschichte nicht nachträglich Revue passieren zu lassen. Denn Bill Gates' Geschichte ereignet sich in unserer Gegenwart, und sie bestimmt unsere Zukunft.

Die bislang erschienenen Biographien über den Software-König haben die Einzeldaten seines Erfolges akribisch aufgelistet und in bester US-Manier chronologisch zusammengestellt. Selbst die Berufe der Groß- und Urgroßväter wurden bemüht, um den Erfolg des Enkels zu erklären; die Grundschullehrerin, der ehemalige Pokerfreund und die vergrämte Sekretärin wurden zu Gates befragt, und aus diesen unzähligen Einzeldaten, Interviews und Anekdoten hat jeder der Autoren ein eigenes Bild von Gates gezeichnet. Zwar differiert die Grundthese bei allen Autoren ein wenig, aber letztlich waren sie sich in der generellen Beurteilung dann doch einig: Gates sei ein Genie in seinem Bereich.

So konnte Daniel Ichbiah in seinem Buch *Die Microsoft-*

Story – Bill Gates und das erfolgreichste Software-Unternehmen der Welt den Heidenrespekt, den er vor seinem Gegenstand hat, nicht verleugnen, und auch die Nähe zur Firma Microsoft ist in jedem Kapitel deutlich spürbar: »Das letzte Prinzip (seines Erfolges) liegt in einem Wort begründet, das Bill im Laufe der Gespräche immer wieder wiederholt: Spaß. Er arbeitet nicht, er erobert keine Märkte – er amüsiert sich. Und das ist vielleicht der wesentliche Schlüssel zu seinem besonderen Ansatz. Wie er selbst sagt: ›Warum soll jemand ein Unternehmen gründen und sich bemühen, großen Einfluß zu erlangen, wenn nicht, um Spaß zu haben?‹«

James Wallace und Jim Erickson vermitteln dagegen in *Mr. Microsoft – die Bill-Gates-Story* das Bild eines ehrgeizigen und wenig umgänglichen Menschen, der keinen Spaß zu haben scheint: »Natürlich hatte sich Gates auf dem Weg nach oben eine Menge Feinde gemacht. Er war vielen Leuten auf die Zehen getreten und hatte zahllosen Kollegen mit kindischen Zornesausbrüchen und grausamem Ausspielen seiner intellektuellen Überlegenheit böse zugesetzt.«

Stephen Manes und Paul Andrews dürfen für sich in Anspruch nehmen, mit *Gates – Wie der Microsoft-Chef die PC-Industrie revolutionierte und zum reichsten Mann Amerikas wurde* den detailreichsten und privatesten Beitrag zum Thema »Bill Gates, der Workaholic« geschrieben zu haben: »Obwohl Gates in den letzten Jahren mit seiner Freundin Ferien in der Dominikanischen Republik, Thailand und Australien verbracht hatte, konnte er den Gedanken kaum ertragen, für längere Zeit nicht zu arbeiten: ›Es könnte sein, daß ich mir in den nächsten drei Jahren einmal einen Monat freinehme. Ich weiß nicht, wie das wäre. Ich habe mir noch nie mehr als zehn Tage inklusive der Wochenenden freigenommen.‹«

So hat jeder der Autoren eine sehr eigene Seite von Bill

Gates entdeckt und mit unzähligen Dokumenten belegt, und alle sind der Geschichte seines Erfolges nahegekommen.

Fast noch wichtiger als die Person sind aber die Auswirkungen ihrer Arbeit auf die Gesellschaft. Der Computer hat unsere Welt bereits verändert, und er wird dies in noch viel größerem Umfang tun – er hat mehr Freiheiten, als ein perfekter Sklave eigentlich haben sollte. Und auch deshalb wird man sich mit den möglichen Entwicklungen – den wirtschaftlichen und technischen, aber auch den politischen und sozialen – in der Zukunft befassen müssen.

Gates ist einer der Menschen, die diesem Sklaven solche Freiheiten einräumten, indem sie ihm Bewegungsfreiheit in Form von Bits und Bytes verschafften, seine Rechenzeit verkürzten und ihn so gestalteten, daß fast jeder damit umgehen kann. Er verfolgte zu diesem Zweck unermüdlich seine erste Vision: »We're going to create the software that puts a computer on every desk and in every home« – in jedem Haushalt sollte ein Personalcomputer stehen.

»Meine konkrete Vision war es, den Computer zu einem Werkzeug zu machen, das Menschen gerne benutzen. Allerdings sind wir noch weit davon entfernt. Trotzdem halte ich an der Vision fest. Ich weiß, daß es so kommen wird, selbst wenn es noch lange dauert. Wir sind diesem Ziel ein gutes Stück näher gekommen; den halben Weg, würde ich sagen, haben wir hinter uns.«

Das Grundprinzip des Personalcomputers ist denkbar einfach: Es basiert auf frei steuerbaren Schaltkreisen, einem Datenspeicher (oder mehreren) und den Ein- und Ausgabegeräten. Das Herzstück des Computers bilden die Mikroprozessoren, die seine Leistungsfähigkeit und Geschwindigkeit bestimmen. Die Eingabe der Daten geschieht bislang noch meist über eine Tastatur. Also ein recht simples Rezept, wenn die Zutaten stimmen. Und die heißen bei den moderneren Geräten: 32-Bit-Systemarchitektur, Graphikmöglichkeiten über extrem leistungsfähige Graphikkarten mit schnellem pixelorientiertem Aufbau, leistungsfähige Datenspeicher von mehreren Gigabytes, graphische Benutzeroberflächen mit Fenstertechnik, Interaktionsmöglichkeiten, Multi-Tasking, einfach zu bedienende Anwenderprogramme, CD-ROM, Desktop-Publishing, Multimedia-Funktionen und so weiter.

Seit die ersten Geräte auf den Markt kamen, haben die Personalcomputer einen weiten Weg zurückgelegt. Aber diese stürmische Entwicklung vollzog sich in einem beispiellos kurzen Zeitraum.

Mitte der siebziger Jahre tauchte zum erstenmal der Vorläufer der Personalcomputer auf der Titelseite der amerikanischen Elektronikzeitschrift *Popular Electronic* auf: Es war der MITS Altair, produziert von der Firma MITS in Albuquerque. Die Eingabe der Daten erfolgte über einen kleinen Hebel und wurde von Lichtzeichen kontrolliert. Nur wenige Bits und Bytes konnte der Urahn der Personalcomputer verarbeiten. Doch dann ging es Schlag auf Schlag.

Einer breiteren Masse wurden die Personalcomputer über den Zwischenschritt *Home Computer* schmackhaft gemacht. Der Plastikknüppel, alias Joystick, und der Computer als Spielgerät, genannt Commodore und Atari, ebneten der ersten Generation den Weg, auch wenn damals noch eher die Kids als deren Mütter und Väter die Zielgruppe waren.

Die eigentliche Revolution fand dann Anfang 1980 statt, als die ersten »richtigen« Personalcomputer auf der Bildfläche erschienen. Diese Geräte waren nun leistungsfähig genug, um ihren Siegeszug anzutreten und auch die Geschäftswelt zu erobern. Die meisten dieser Personalcomputer verfügten über den Mikroprozessor 8086 der Firma Intel und eine 8-Bit-Schnittstelle, das Betriebsprogramm der frühen Jahre wurde von Gary Kildall entwickelt und hieß CP/M. Doch dann brachte IBM einen eigenen Personalcomputer heraus, zusammengesetzt aus den Chips der Firma Intel, die das Innenleben bestimmten, und dem Betriebssystem DOS, das von der Firma Microsoft entwickelt worden war. Neben den unterschiedlichsten Klonen, den IBM-Nachbauten, in allererster Linie den Imitaten von Compaq, konnte sich seither nur noch ein System einer anderen Firma durchsetzen: die Mikrocomputer der Firma Apple.

1985 wurden 400 000 Personalcomputer in Deutschland verkauft, zwei Jahre später waren es schon knapp eine Million. Die Entwicklung führte über die PC-XT-Generation zu den ATs, wobei das Kürzel AT für »advanced technology« steht. Ab Mitte der achtziger Jahre waren es dann die 386er und 486er Prozessoren, die nicht nur die Rechenzeit, sondern auch den Siegeszug der Personalcomputer beschleunigten. Heute bilden Power-PCs und Pentium-Prozessoren mit immensen Möglichkeiten der Datenverarbeitung bereits den Standard – und die neuen Super-Chips sind schon angekündigt. Ein Stillstand bei dieser Entwicklung ist nicht abzusehen, es sei denn, der Markt zieht bei dieser rasanten Entwicklung der Technik nicht mehr mit und verweigert die Vermarktung von Vorteilen im Millisekunden-Bereich. So oder so ist aus den belächelten Spielkisten fast über Nacht ein seriöses Arbeitsgerät geworden.

Steven Jobs, der Mitbegründer von Apple Computer, bezeichnete die Personalcomputer als das »persönliche Erlebnis mit dem Universum«. Endlich hatte der Bediener die volle Verfügungsgewalt über einen Computer, was auch der eigentliche Sinn des Wortes *Personal* ist, und der Computer wiederum zog seine Nutzer in den Bann. Viele Attribute wurden dem Personalcomputer verliehen; von der Zeitschrift *Time*, die in jenem Jahr darauf verzichtete, eine Frau oder einen Mann auszuzeichnen, wurde er zur »Maschine des Jahres« gewählt; er wurde die »Zaubermaschine des Fortschritts« oder der »Pegasus des Informationszeitalters« genannt. Der Personalcomputer hat den Beginn dieses Zeitalters eingeläutet. Erst er ermöglicht es dem einzelnen, mit einer ungeheuren Menge an Daten und Informationen autark zu arbeiten, sich einen eigenen Mikrokosmos der Information zu schaffen.

»Der Personalcomputer rüstet den einzelnen dafür aus, im Informationszeitalter zu überleben und sich zu entfalten«, beschrieb der amerikanische Soziologieprofessor Timothy Leary die Funktion dieses neuen Arbeitsgerätes. Für die uneingeschränkten Befürworter, ja Bewunderer dieses technischen Meisterstückes gilt er sogar als »Sprung in der Evolution der Menschheit«, und sie erwarten von ihm nicht weniger als die Rettung vor dem Untergang der Menschheit. Doch parallel dazu machen sich auch irrationale Ängste vor diesen Wundermaschinen breit. Man fürchtet, daß diese Geräte das Reich der

Ideen für sich gewinnen und so den Untergang der Menschheit im Gegenteil beschleunigen.

Doch noch wird das Reich der Ideen nicht von einer Maschine beherrscht, denn der Personalcomputer wird von Menschen strukturiert – die »künstliche Intelligenz« ist nach wie vor nur ein Begriff auf dem Papier. Zur Steuerung der Arbeitsabläufe und um mit den Computern überhaupt in Kontakt treten zu können, benötigt man universell verwendbare Anweisungen. Einfache Wenn-dann-Befehle legten somit den eigentlichen Grundstein, der dem Computer zu seinem Siegeszug verhalf. Denn nur mit der Software, also einem von Menschen geschriebenen Programm, konnte die Hardware, sprich: der Personalcomputer, die schwierigsten Rechenvorgänge abwickeln und später auch andere Anwenderprogramme gestalten.

Anfang der achtziger Jahre war BASIC die einfachste und am leichtesten zu erlernende Programmiersprache, und einer ihrer »Schöpfer«, der BASIC auf den Mikrocomputer übertrug, war William H. Gates III, genannt Bill. Und so nimmt die Geschichte ihren Anfang, die vielleicht in 100 oder 200 Jahren als modernes Märchen unserer Informationsgesellschaft erzählt werden wird. Die Rolle der guten Fee oder des bösen Zauberers übernimmt dabei der Personalcomputer, der uns verzaubert und dessen Entwicklung und Möglichkeiten noch lange nicht ausgereizt sind: »Natürlich muß der Personalcomputer noch viel leichter zu bedienen sein und praktischer werden. Ein Schritt in diese Richtung ist auch, daß immer mehr interessante Dinge auf CD-ROM publiziert werden. Wenn Sie sich beispielsweise für Fußball, Flugzeuge, Briefmarken oder Medizin interessieren und mehr darüber erfahren wollen, gibt es heute bereits großartige Compact Discs für Sie. Viele Compact Discs sind besonders für Eltern interessant, die nicht wollen, daß ihre Kinder permanent nur fernsehen oder sich mit Videospielen beschäftigen, sondern statt dessen interagieren und lernen. Auf diesem Gebiet sind die Möglichkeiten wirklich beeindruckend. Hier erwarte ich in den nächsten Jahren die meisten Compact-Disc-Titel. Auch wird in diesem Rahmen die Akzeptanz für Personalcomputer deutlich steigen.

Der Personalcomputer wird immer schneller und kleiner werden und über bessere Speicherkapazitäten verfügen. Er wird zu einem kleinen, schmalen Tablett mit einem flachen Bildschirm schrumpfen, das man immer mit sich herumtragen kann. Man wird mit dem Gerät sprechen und darauf schreiben können. Darüber hinaus nutzt man dann ein kabelloses Netz. Die Bildschirme der Desktop-Personalcomputer werden größer sein, damit die Benutzer mehr Informationen gleichzeitig im Blick haben können. Der wahre Fortschritt allerdings wird im Bereich der Kommunikation stattfinden: Man wird seine Rechner an Hochgeschwindigkeitsnetze anschließen, die alle Informationen liefern können, die man braucht«, träumt Bill Gates in einem Interview mit der Computerzeitschrift *ct* von den Möglichkeiten der »kleinen Kiste« – und die sind wahrlich groß, atemberaubend und vielleicht auch gefährlich.

»Als Behelf, um sich in solcher Bedrängnis und Desorientierung zurechtzufinden, boten sich die Tischrunden im Café Herrenhof an. Es hieß, daß dort geistige Freizügigkeit herrsche und man sogar Kontakt zu angesehenen Schriftstellern und Journalisten finden könne. Man ging hin in dem Gefühl, in die innersten Bezirke des Geistes zu gelangen«, so beschreibt Milan Dubrovic in dem Buch *Diagnose des Literatencafés* einen Kaffeehausbesuch zu Beginn unseres Jahrhunderts.

»Welcome to the future« erscheint seit kurzem auf dem Bildschirm des PAT (Public Access Terminal) im *Haight Street Café* in San Francisco. Man wirft einen Vierteldollar ein, und schon kann man sich einloggen und mit anderen Freaks in anderen Cafés via Computer eine digitale Tischrunde eröffnen. Die meisten der Besucher der 18 Szenecafés, die durch das sogenannte SF-Net miteinander verbunden sind, sind bereit, sich mit einem zu unterhalten – ein »digitaler Kaffeeklatsch« mit Gleichgesinnten.

Der Kontakt zu anderen Menschen und der geistige Austausch können über eine Vorauswahl per Computer gesucht werden. Man hinterläßt seine Wünsche in einem elektronischen Briefkasten und hofft, den Kontakt zu einer Person seiner Wahl zu finden. Erstaunlicherweise reiten – wie man eigentlich vermuten könnte – nicht nur sogenannte Network-Surfer auf den Bit-Wellen, auch die ganz normalen Besucher des Cafés suchen über den Computer Kontakt. Die öffentlich zugänglichen Terminals, die nicht viel anders aussehen als die bekannten Computerspiel-Automaten um die Ecke, haben eine ungeheure Anziehungskraft auf Besucher jeglicher Couleur. Und so mancher wird süchtig danach, läßt sich den Spaß in der Stunde mehrere Dollars kosten und stöbert über die PATs in den Mailboxen der anderen. Statt in Wiener Kaffeehausatmosphäre findet man sich zwischen Underground-Graffiti und Techno-Touch in einer komplett synthetisierten Welt wieder. Einmal Cybernaut sein, per Fingertip ein virtuelles Gegenüber erzeugen, ohne den Zwang zu körperlicher Konfrontation. Der Reiz der Kisten muß groß, die neue Form der interpersonalen Kommunikation durchaus befriedigend sein, denn die Zahl der »Wiederholungstäter« nimmt täglich zu. Hier kann man sein Innerstes nach außen kehren, ohne gleich Angst vor Sanktionen haben zu müssen. Man kann seine Gedichte veröffentlichen, über seine privaten und sozialen Probleme reden, Bekanntschaften machen und politische Pamphlete verbreiten – ohne Zensur, quer durch alle Schichten. Hier gibt es keinen elaborierten und keinen restringierten Code, es gibt nur noch den Code, den der Computer vorgibt. Die PATs sind wie eine riesige elektronische Pinnwand, die sprechen kann.

Selbst von zu Hause aus kann man mit dem eigenen PC ein bißchen Cyber-Kaffeehausatmosphäre schnuppern. Gegen geringes Entgelt kauft man sich in die Netware ein und muß den »körperlichen«, »materiellen« Weg nach draußen nicht mehr gehen. Schöne heile Welt des Computers.

Die Möglichkeiten dieser neuen Welt scheinen fast unbegrenzt zu sein. Kein Bereich menschlichen Miteinanders wird ausgeklammert, selbst die fragwürdige Vision vom zwar sterilen, aber nach den eigenen, geheimsten Wünschen praktizierten Sex per Computer nimmt schon benutzbare Formen an – obwohl diese Cyber-Sex-Programme in letzter Konsequenz »vorerst trockene Fiction bleiben. Für die Generierung von Synth-Partnern fehlen schnelle Rechner, belastbare Datenanzüge, Sprachsynthese für gehauchte Liebesschwüre, spezialisierte 3-D-Programme zur Animation der Lebewesen und ein Netzwerksystem, das eine höhere Bandbreite besitzt, als es alle europäischen Telekom-Anbieter im Moment erlauben. Zu guter Letzt benötigt ein solches System eine spezialisierte künstliche Intelligenz, die etwas vom Sex versteht und bei abgefahrenen Wünschen weder mit Kopfschmerzen noch mit einem Systemabsturz abdankt.« So steht es zumindest in einem Insider-Blatt, der Nullnummer des Schweizer Magazins *CD-World*.

Wir steuern auf ein digitales Leben zu. »Captain Online« schreibt über den Zweck dieser Vernetzung mit der technisierten Welt der Daten im selben Magazin: »Unvernetzte Zeitgenossen fragen mich immer wieder, was ein Netzwerkanschluß eigentlich bringt – außer hohen Telefonkosten. Für mich ist ein Computer ohne Online-Verbindung wie ein Huhn ohne Ei, wie Captain Kirk ohne Spock oder wie Schweizer Käse ohne Löcher – einfach unvorstellbar. Nachdem CD-ROMs und Soundkarten fast zur Standardausstattung gehören, beginnen innovative Hersteller ihre Kisten mit Modems aufzupeppen. So verwandelt sich ein schnöder, einsamer Laptop in eine globale Kommunikationsmaschine, die neben dem Faxversand auch Datenaustausch per Online-System ermöglicht.«

Und das Werden dieser Welt nimmt immer schnellere Formen an – der Information-Superhighway soll nun der endgültige Beginn und zugleich auch die Vollendung dieser digitalisierten Ära sein. Ein amerikanischer Senator prägte den Begriff »Information-Highway«, der binnen drei Jahren zum Schlagwort einer technischen Revolution wurde, die mit den Ansätzen der Industrialisierung im vergangenen Jahrhundert vergleichbar ist. Und dieser Information-Highway oder Superhighway wird schließlich unsere Gesellschaft noch weiter verändern, indem er vor allem eines revolutioniert: die Art, wie wir miteinander kommunizieren.

Vordergründig werden die ersten Schritte dieser Veränderung etwa so aussehen: Künftig werden wir unser Lieblingsvideo aus dem elektronischen Archiv in den Computer holen und von dort aus auf die Videoleinwand projizieren. Wir werden uns die Freiheit nehmen, aus 500 angebotenen Programmen unser Abendprogramm per Tastendruck selbst zu gestalten. Wir werden nicht mehr im Regen stehen müssen wie der Hund in der Werbung, wenn wir Geld von unserer Bank abheben oder an unseren Vermieter überweisen. Wir werden nicht mehr in Behördengängen Schlange stehen müssen, und auch der Supermarkt kommt künftig zu uns – per Online-Net und Hypertext. Aber das ist nur die eine Seite der Revolution. All diese technischen Errungenschaften, die bereits heute realisierbar sind, werden unsere sozialen Strukturen grundlegend verändern – in Familie, Freundeskreis und Beruf. Der Computer wird das Zuhause digitalisieren, die Hausarbeiten steuern, einteilen und teilweise auch übernehmen. Die Kommunikation der Familienmitglieder wird über die eigene Mailbox vonstatten gehen, der Besuch der Freunde kann mittels einer Videokonferenz und eines Duftsimulators bequem vom Wohnzimmersessel aus erfolgen – räumliche Entfernungen spielen dann keine Rolle mehr. Wir werden eine ganz neue Art von Mobilität erreichen, die immer weniger physisch sein und die Gedanken und die Sprache, aber auch alle unsere Sinne mobilisieren wird.

Die Synthetisierung scheint sich kaum noch aufhalten zu lassen: Cyber-Raum, Cyber-Parks, Cyber-Welten, der Computer schneidet die Welt nach Maß, eine immaterielle, künstliche Welt, die unsere Bedürfnisse befriedigt. Diese Entwicklung ist schon deshalb kaum mehr zu stoppen, da in den Cyber-Träumen und den Visionen von Multimedia ein gigantischer Markt schlummert, der sämtliche Anwendungsbereiche durchdringen wird. Wo Goldgräberstimmung herrscht, sind Entwicklungen nicht mehr zu bremsen, zumal in diesem Marktsegment äußerst »kompetitiv« vorgegangen wird. Und letztlich wird jeder nur noch exakt die Welt bekommen, die er auch bezahlen kann. Eine »Delokalisierung aller menschlichen Aktivitäten« sieht zumindest der Universitätsprofessor und Philosoph Paul Virilio voraus. Eine Delokalisierung, die die alte Vorherrschaft der räumlichen Gegebenheiten überwindet. Schnelligkeit und Mobilität werden sich von den materiellen Verkehrswegen in das Kommunikationsnetz verlagern, mit der Folge, daß auch die politische und industrielle Struktur durch eine informationstechnische und metropolitische abgelöst wird. Ob das alles in letzter Konsequenz erstrebenswert ist, muß jeder für sich beantworten. Allerdings entspricht diese Skizze einer digitalen Zukunft durchaus den Gatesschen Visionen: Er träumt von einem »globalen Dorf auf elektronischer Basis«. Dieses »Dorf« gliche dann aber viel eher einer Weltstadt, einer »Omnipolis«. Paul Virilio: »In absehbarer Zeit wird die Infosphäre die Biosphäre beherrschen.«

Diese Entwicklung kann zu einer Gefahr für unsere Demokratien, für unser Miteinander werden, denn der Mensch wird dadurch immer manipulierbarer. Die Orwellsche Vision vom Großen Bruder, der via Televisor das Individuum unterdrückt und unter Kontrolle hält – »Big Brother is watching you« –, könnte sich in naher Zukunft erfüllen. Doch diese Sichtweise teilt Bill Gates nicht. Er sieht nur den Fortschritt und nicht die Gefahr:

»Computersicherheit und Datenschutz sind wichtig, aber im Grunde ist es doch wie bei den Kreditkarten: Auch da gibt es irgendwo jemanden, der über alles Bescheid weiß, was du kaufst. Bei den neuen Telefonen gibt es irgendwo auch jemanden, der weiß, wen du angerufen hast und wann, und vermutlich wird das auch nicht ganz sauber gehandhabt. Wir müssen uns darüber Gedanken machen, und die Regierung muß dazu die richtigen Entscheidungen treffen. Aber ich halte das für keine Grundsatzfrage. Wir werden es schaffen, die Privatsphäre des einzelnen zu schützen. Die Hauptsache ist doch, welche Vorteile die neuen Technologien mit sich bringen werden, das ist es, was wirklich zählt.«

III.   Am Anfang war die Rechenzeit

>*Aber ein Hauptpunkt ist genau der, daß wir alle nur zu sehr aus der Welt einen Computer gemacht haben und daß diese abermalige Erschaffung der Welt nach dem Bild des Computers lange begonnen hatte, bevor es elektronische Computer gab.«*
>
> JOSEPH WEIZENBAUM IN
> *DIE MACHT DER COMPUTER
> UND DIE OHNMACHT DER VERNUNFT*

Vom »Schrittmacher der digitalen Ära, von dem es heißt, er sei eine pikante Mischung aus Albert Einstein, John McEnroe und General Schwarzkopf«, schrieb eine deutsche Wochenzeitung und meinte damit – wieder einmal – William Henry Gates III, den Sohn des Rechtsanwaltes William Henry Gates jr. und der Lehrerin Mary Gates, geborene Maxwell. Der Sohn der beiden erblickte am 28. Oktober 1955 in Seattle, im US-Staat Washington, das Licht der Welt. Das ist ein Datum, über das es sich nachzudenken lohnt – nicht nur deshalb, weil Bill oder *Trey*, so die Rufnamen aus der Erwachsenen- und der Kinderzeit, seither eine Menge geschaffen und verändert hat, sondern auch aus astrologischen Gründen: Bill wurde im Sternzeichen des Skorpions geboren.

Man mag von der Deutung der Himmelskonstellationen, der Sternzeichen, der Aszendenten im speziellen und von der Astrologie im allgemeinen halten, was man will, aber was ich von einer Astrologie-Autorin über das Sternzeichen »Skorpion« erfuhr, war so überzeugend, daß ich meine Bedenken gegen diese Parawissenschaft zumindest im Fall Gates über Bord warf. Denn die Eigenschaften des Skorpions charakterisieren Bill Gates besser als der Vergleich mit einem genialen Wissenschaftler, einem extrovertierten Tennisspieler und einem strategisch erfolgreichen Militärangehörigen.

Den Skorpionen wird im allgemeinen nachgesagt, daß sie von ihren Mitmenschen eher Achtung als Zuneigung erfahren. Das liegt unter anderem daran, daß sie als das machtvollste Zeichen der Tierkreise gelten – also eine dominante Persönlichkeit besitzen. Sie sind Perfektionisten mit ausgesprochenen Führungsqualitäten, sie können sich in jeder Lage des Lebens mit ihren Vorstellungen durchsetzen, nehmen dabei aber selten auf andere Rücksicht. Wird der Skorpion allerdings links liegengelassen oder übervorteilt, dann beweist er ein äußerst gutes Gedächtnis. Wehe dem, der sich mit ihm anlegt, denn Rachsucht, gepaart mit einer gehörigen Portion Egoismus, gehört zu den Eigenschaften dieses furchtbaren Gegners: Er erwartet keine Gnade und gewährt auch keine im Kampf.

Der Skorpion zeichnet sich durch ein ungeheures Stehvermögen aus, und mancher Außenstehende wundert sich, woher sich all diese Kraft und Energie speisen. Es ist ein wahres Wunder, wie er die inneren Akkus immer wieder von neuem auflädt. Das »Ladegerät« für diese Energieströme sind die dem Skorpion innewohnenden schöpferischen und regenerativen Kräfte der Natur. Hat sich der Skorpion einmal in eine Sache verbissen, dann läßt er sich nicht mehr abschütteln. Er hält an den Zielen, die er sich gesetzt hat, unbeirrbar fest. Ein Zurück gibt es für ihn nicht, und um seine Ziele zu erreichen, setzt er alles ein, was er zur Verfügung hat – egal, welche Opfer und Anstrengungen auf ihn warten. Er kämpft so lange, bis seine Energie aufgezehrt ist – und das kann dauern.

Diplomatie ist für Skorpione ein Fremdwort. Sie sagen, was sie denken, und halten auch mit unbequemen Äußerungen nicht hinterm Berg. Ihre Überzeugung lassen sie sich nie verwässern, nur die eigene Meinung zählt. Doch das hat auch sehr positive Seiten, denn niemand besitzt einen tiefer ausgeprägten Gerechtigkeitssinn als ein Skorpion. Gegenüber Menschen, die in irgendeiner mißlichen Situation stecken, verhält er sich äußerst mitfühlend und großmütig. Offenbart das Opfer jedoch Schwächen, läßt der Skorpion dieses schnell fallen. Nichts widerstrebt ihm mehr als solche Charakterzüge.

»Hop oder Top« mag auch das Lebensmotto der Skorpione sein, was die Erotik betrifft. Zwischentöne klingen hier nicht an, es gibt nur das hohe C oder das tiefe – entweder lebt der Skorpion zölibatär, oder er ist sexuell so aktiv, daß er alles andere um sich herum vergißt. Mit dieser Einstellung ohne Zwischentöne lebt er im Hier und Jetzt, die Angst vor dem Tod ist ihm unbekannt – über derart endliche Dinge denkt man nicht nach.

Ihr Perfektionismus hindert die Skorpion-Geborenen oft, anderen Verantwortung zu übertragen; Delegieren gehört nicht zu ihrer Stärke. Und der typischste Satz für den Skorpion lautet »Ich will haben« – eine Besitzgier, die den in diesem Sternzeichen Geborenen häufig über sein Ziel hinausschießen läßt. Die Technik, Entdeckungen, die Wissenschaft und die Forschung sind demnach auch die liebsten Arbeitsfelder für einen Skorpion.

Hätte ich an dieser Stelle eine Charakterisierung von Bill Gates vorgenommen, sie hätte nicht viel anders ausgesehen.

Es war ein wichtiger Vertrag, den Bill Gates an jenem Tag unterzeichnen sollte. Doch er machte keine Anstalten, sich um dessen Inhalt zu kümmern. Mit anderen Programmierern hatte er sich wegen eines kniffligen Problems wieder die ganze Nacht um die Ohren geschlagen, und auf den Tischen, wo die Bildschirme der Computer standen, häuften sich hastig geöffnete Big-Mac-Plastikschachteln und achtlos weggeworfene Crunchies- und Chips-Tüten. Die leeren Cola-Dosen waren zu kunstvollen Stapeln arrangiert – ein Stilleben aus der Gründerzeit der Byte-Generation.

Die Sekretärin von Bill Gates fand ihn in aller Frühe hinter seinem Schreibtisch am Boden liegend. Er hatte sich nur kurz zuvor niedergelegt, um für den Tag wieder fit zu werden, wie so oft in den Anfangszeiten von Microsoft. Die durchprogrammierte Nacht hatte ihre Spuren hinterlassen, der spärliche Bartwuchs ließ sein Gesicht grau wirken, die Haare hingen ihm wirr in die Stirn, die Gläser der Hornbrille waren von unzähligen Fingerabdrücken verschmiert. Wäre nicht sein jugendliches Aussehen gewesen, hätte man ihn für einen verwirrten Mathematik-Professor halten können, so aber wirkte er eher wie ein High-School-Boy nach seiner ersten durchzechten Nacht. Gates ließ sich von seiner Sekretärin etwas zu essen und zu trinken bringen, setzte sich wieder an den Computer und änderte einige Zeilen des Codes. Die Subroutine ließe sich noch ein klein wenig verbessern, hatte er noch um vier Uhr früh seinen Kollegen wissen lassen. Er machte immer

48

noch keine Anstalten, sich um den Vertrag zu kümmern. Für zehn Uhr hatten sich die Anwälte von Microsoft angekündigt, um ihren Vorschlag für den Vertragsentwurf absegnen zu lassen, doch Gates hatte noch keinen Blick auf das Dokument geworfen. Völlig versunken saß er an seinem Bildschirm und tüftelte Zeile um Zeile an einem neuen Programmdesign, als seine Sekretärin die Herren von der Kanzlei ankündigte. Gates blickte kurz hoch und erhob sich von seinem Stuhl, mit federnden Schritten begab er sich in das Konferenzzimmer, das sich in einem ähnlich chaotischen Zustand befand.

»Meine Herren, lassen Sie mich einen Blick auf den Vertrag werfen.«

Gates nahm das Papier, ohne auf eine Antwort zu warten, in die Hand und wippte auf seinem Stuhl vor und zurück. In Windeseile überflog er Seite um Seite des umfangreichen Vertragswerkes.

»Ja, ich denke, wir müssen einiges daran ändern«, sagte er nach weniger als fünf Minuten, stand auf, ließ die Anwälte mit offenen Mündern sitzen und begab sich in ein Nebenzimmer. Es vergingen weitere Minuten, bis Gates wieder an den Tisch zurückkehrte und den erstaunten Anwälten den Vertragsentwurf mit den handschriftlich eingefügten Änderungen überreichte.

»Machen Sie das bitte genau so. Danke, meine Herren.« Er drückte noch jedem die Hand und kehrte in sein Büro zurück. Es sollte einer der erfolgreichsten Verträge werden, die Microsoft je abgeschlossen hatte.

In Windeseile tippte Bob O'Rear die letzten Zeilen des Angebotes an IBM. Sie hatten natürlich wieder alles bis zuletzt aufgeschoben. Bill, Paul und Steve fielen fortwährend Änderungen ein, die man im Angebot unbedingt noch berücksichtigen mußte. Beispielsweise: »Irgendwann sagte Sams von IBM auch noch, daß er dieses und jenes bedacht haben möchte.« Oder: »Bob, denkst du daran, daß wir auch noch die Datumsanzeige in das Programm integrieren müssen, das kostet auch Programmierzeit und Speicherplatz.« Oder: »Vielleicht sollten wir das Design doch anderes gestalten.«

Steve Ballmer war am späten Abend noch einmal nach Hause gegangen. Er konnte einfach nicht mehr und wollte Bob O'Rear und Bill Gates am nächsten Morgen am Flughafen treffen. Es mußte natürlich ausgerechnet der früheste Flug sein, die Morgenmaschine, denn immerhin erstreckte sich ein Kontinent in seiner ganzen Breite zwischen Seattle und Boca Raton. Um zehn Uhr sollte die Audienz bei IBM in Boca Raton stattfinden. Als die Zeit immer knapper wurde und O'Rear immer noch tippte, klopfte ihm Gates auf die Schulter: »Ich gehe schon mal runter und hole den Wagen, ich warte dann vor der Tür auf dich, mit laufendem Motor, versteht sich.«

O'Rear nickte nur wortlos und fügte die letzten Zeilen in das Dokument ein. Ungeduldig stand er vor dem Wang-Drucker, der Zeichen um Zeichen mit lautem, schnarrendem Geräusch zu Papier brachte. Als der Drucker das Ende mit einem Piepston angekündigt hatte, riß O'Rear die perforierten Seiten aus der Führung, schnappte sich seine Jacke und stürmte zum Ausgang. Außer Atem ließ er sich in den Beifahrersitz des Porsches sinken.

Jetzt schlug eine von Gates' Stunden – er drückte das Gaspedal durch, und mit quietschenden Reifen begann eine jener Hasardeur-Fahrten, für die Bill Gates bekannt ist und die ihn schon eine Menge Dollars gekostet haben müssen. Und auch an jenem Dienstag, dem 30. September 1980, machte er mit wahnwitzigen Überholmanövern und halsbrecherischem Spurwechseln das Unmögliche möglich: Gerade noch rechtzeitig erreichten sie die Parkgarage des Flughafens. Die Türen knallten, und die beiden rannten zur Abfertigungshalle.

Mit einem kurzen »Ging nicht früher!« wurde Steve Ballmer begrüßt, dann hasteten die drei durch die Hallen und Gänge zum Jet nach Florida. Kaum durften sie die Gurte lösen, machten sie sich schon wieder an das Angebot und überlegten gemeinsam, ob sie noch irgend etwas vergessen hatten. Ein wenig wurde das Programm noch ausgefeilt, und die Zeit, bis der Jet in Miami landete, verging im wahrsten Sinne des Wortes im Fluge.

In der Metropole Floridas angekommen, steuerten die drei Herren von Microsoft als erstes den Waschraum des Flughafens an, da sie in den sonst obligatorischen Jeans den Herren von IBM nicht entgegentreten konnten – IBM wird wegen der Einheitskleidung seiner Angestellten (blaue Anzüge) auch »Big Blue« genannt. Also Anzug und Krawatte statt T-Shirt und Jeans. Während Ballmer und O'Rear nervös an ihren Bindern nestelten – der Termin um zehn Uhr im Büro von Estridge rückte näher, und sie mußten noch nach Boca Raton hinausfahren –, wühlte Gates wie wild in seiner Reisetasche. Aber vergeblich. Er hatte seine Krawatte vergessen. Ohne Schlips aber konnte er, der Präsident von Microsoft, den Leitern des Projekts *Chess* nicht gegenübertreten. Doch Improvisieren gehörte schon immer zu den Stärken von Microsoft, und so fuhren die drei im Mietwagen los und stoppten um halb zehn in Boca Raton vor einem Supermarkt, der soeben seine Tore öffnete. Sie stürmten in die Herrenabteilung, ließen sich von einer Verkäuferin die Krawatte zeigen und binden, die noch am ehesten zu Gates' Anzug paßte, bezahlten und waren wie ein Spuk wieder aus dem Geschäft verschwunden.

Natürlich kamen sie zu spät zu ihrem Termin. Der erste Eindruck fiel ziemlich schlecht aus, die Herren von IBM schüttelten ohnehin über die junge Truppe, die in den Anzügen wie Schuljungen kurz vor der Konfirmation wirkte, nur den Kopf. Keiner von den IBM-Leuten – bis auf Sams und Eggebrecht, die Microsoft in Seattle besucht hatten – wollte so recht an dieses komische Team glauben. Doch dann schlug zum zweiten Mal an diesem Tag die Stunde von Bill Gates: Mit einem hervorragenden und fundierten Vortrag konnte er die zukünftigen Geschäftspartner von der Seriosität seiner Firma und von der Qualität der Microsoft-Produkte überzeugen. Gates hatte es wieder einmal geschafft, auf den Punkt genau zu absoluter Höchstform aufzulaufen.

Am 22. Mai 1977 mußte Ed Roberts mit seiner Firma MITS kapitulieren. Die Firma Pertec kaufte den Laden auf, und Roberts erhielt Aktien für mehrere Millionen Dollar. Mit ein Grund für den Kauf war die Software, die Microsoft über MITS vertrieb. Die Pertec-Leute schickten einen Anwalt nach Albuquerque, der vor Ort noch einmal die Lage sondieren sollte. Siegessicher kehrte er zurück und erklärte der Firmenleitung, daß sie mit Bill Gates und Paul Allen wohl leichtes Spiel haben würden. Ed Roberts scheint Pertec vor Gates und Konsorten noch gewarnt zu haben. In einem Interview erzählte Ed Roberts – er ist heute Landarzt im Süden der Vereinigten Staaten – die Dinge noch einmal aus der damaligen Warte:
»Sie sagten einfach zu mir, daß ich mir nichts denken solle, sie hätten diese Typen schon im Griff. Mich erinnerte das Ganze eher an die Versprechungen, die Roosevelt Churchill gab, als er Stalin als leicht zu überwindenden Verhandlungspartner ansah.«
Während Pertec den Sieg schon in der Tasche wähnte, kam es zu einem Treffen zwischen Bill Gates, Ed Roberts und dem Anwalt von Pertec. Keiner hätte angesichts dieser zwei Gegner von Bill Gates auf den kleinen, schlaksigen Microsoft-Chef gesetzt. Doch Gates zog die beiden versierten Gesprächspartner so über den Tisch, daß diese ihr blaues Wunder erlebten. Gleichwohl wurde im sich

anschließenden Rechtsstreit die Cleverneß von Gates noch mehrmals unterschätzt, und die vertragsrechtlichen Fallstricke, die er im Vertragswerk MITS/Microsoft ausgelegt hatte, brachten den Elektronikriesen zu Fall.

Ende 1977 wurde der Richterspruch des Schiedsgerichts gefällt: zugunsten von Microsoft. Bill Gates hatte gesiegt.

So überliefert es zumindest die »Legende«. Doch diese drei Erzählungen zeichnen ein sehr wahrheitsgetreues Bild seiner Grundtugenden: Er ist konzentriert, hat eine schnelle Auffassungsgabe, ist arbeitswütig, intelligent, clever und kampfbereit. Die Geschichten machen deutlich, warum er zu einem der erfolgreichsten Programmierer der Welt wurde: weil er zusätzlich die Fähigkeiten eines sehr cleveren Geschäftsmannes besitzt, die den meisten Genies doch so oft abgehen.

Auf Bill Gates treffen auch die Attribute zu, die man so gern dem pazifischen Westen der USA zuspricht: weit, frei und jung, unkonventionell und nicht an Traditionen gebunden – anders als der Osten, der für Umgangsformen steht und in dem ein guter Stammbaum alles bedeuten kann.

Bill Gates ist ein Kind seiner Heimat. Er hielt es nicht lange weit entfernt von Seattle aus: insgesamt fünf Jahre in Harvard und Albuquerque. Der Firmenwechsel aus dem Süden der USA, von der ersten Unterkunft direkt an der legendären Route 66 zurück ins heimatliche Seattle, war für ihn immer ein wichtiges Ziel der Gründerjahre gewesen.

Seine Verbundenheit mit der Heimat erklärt sich nicht allein mit seinem Familiensinn. Seattle wurde nicht zufällig bereits dreimal zu der Stadt mit der höchsten Lebensqualität in den Vereinigten Staaten gewählt. Auch der Staat Washington besitzt vielfältige Reize, die einen besonderen Typus hervorgebracht haben – Menschen mit einer ungewöhnlich positiven Einstellung zum Leben.

Seattles Lage ist traumhaft: Die kantige, schroffe Skyline mit der den Himmel pieksenden Nadelspitze des Space Needle hebt sich vor den schneebedeckten Gipfeln des Kaskadengebirges wie Stalakmiten in die Höhe. Oben von den Wolkenkratzern aus hat man einen wundervollen Ausblick auf die Weite des Puget Sound. Mit der grünweißen Fähre kommt man rasch nach Port Townsend, der für ihre Kirschkuchen bekannten Hafenstadt der Olympic Peninsula. Bill Gates besitzt auf dieser urwüchsigen Halbinsel, direkt am Hood-Kanal, eine Sommerresidenz unweit der Stelle, wo er früher mit seinen Eltern und seinen Geschwistern die verlängerten Wochenenden verbrachte.

Seattle gilt aufgrund der wunderbaren Lage am Meeresarm Puget Sound als Wassersportparadies der Vereinigten Staaten. Eisern hält sich auch das Gerücht, daß Seattle so viele Boote besitze, daß man die Stadt ohne weiteres darin evakuieren könne.

Fast am nördlichen 48. Breitengrad und heute direkt am Highway Nummer 5 gelegen, war Seattle vor mehr als 100 Jahren die Endstation für einige Siedler, die sich mit ihrem Treck durch die berüchtigte Wüstenlandschaft Washingtons und Oregons entlang des Saumpfades Oregon Trail ihren Traum erfüllten. Es war eine der schlimmsten und härtesten aller Routen in den Wilden Westen.

Zwölf Erwachsene und zwölf Kinder, die die Anstrengungen und Entbehrungen des Oregon Trail überlebten, so behauptet es zumindest die Überlieferung, haben vor wenig mehr als 120 Jahren Seattle gegründet. Sie fanden nur einen Streifen sandiger Küste vor, übersät mit Treibholz, trotzdem beschlossen sie, hier eine Stadt zu gründen, die sie eingedenk ihres Ausgangsortes New York nannten. Auch spielte der Wunsch eine Rolle, daß diese Stadt irgendwann eine richtige City werden sollte. Doch später tauften sie die schnell gewachsene Stadt zu Ehren des Indianerhäuptlings Seattle auf dessen Namen um.

Seither erfuhr die Stadt einen ungeheuren Aufstieg und drängt sich immer dichter um die Buchten und Wasserstraßen des Puget Sound. Durch diese günstige Lage wurde Seattle zum Tor nach Asien und Japan und damit auch zu einer der High-Tech-Citys der Vereinigten Staaten.

Schon 1916 wurde hier die Firma Boeing gegründet, die das industrielle Bild der Stadt in den folgenden 60 Jahren prägen sollte. Heute wird das Image der Stadt eher durch die Firma Microsoft und das Hauptquartier des japanischen Spielemultis Nintendo geprägt. Seattle gilt als Metropole der digitalen Zukunftstechnologie, als das Hollywood des Multimedia-Zeitalters: In den Hyper-Bole-Studios, die als das Mekka der Cybercineasten gelten, lernten bereits die ersten interaktiven Kinofilme das Laufen. Fast 2000 Software-Firmen haben sich mittlerweile in und um Seattle niedergelassen; die Erfolgsstorys von Paul Allen und Bill Gates ziehen junge Software-Fanatiker magnetisch in den Nordwesten der Vereinigten Staaten. Donald Katz hat diese Anziehungskraft Seattles in seinem *GEO*-Artikel *Der digitale Imperativ* treffend beschrieben: »Die noch jungenhaften Techno-Milliardäre sind in Café-Bar-Gesprächen ein Stoff, der süchtig macht wie sonst nur Sportstars. Lokalreporter wie Schriftsteller, die im Techno-Beat ihr Thema gefunden haben, jagen ständig die Mitglieder der neuen Geld-Kaste. Man weiß in Seattle, daß Microsoft-Mitbegründer, Multimilliardär und Multimedia-Investor Paul Allen (der die *Portland Trail Blazers* sein eigen nennt, ein Basketball-Team) in eine riesige, stacheldrahtbewehrte Villa auf Mercer Island, komplett mit Observatorium und Basketball-Feld, geflüchtet ist. Man weiß, daß der zweite Gründer, Bill Gates, sich gerade ein ›Megaheim‹ in Medina baut, am Ostufer des Lake Washington. Allen, Gates und ihr ebenfalls noch junger Milliardärskollege Craig McCaw von McCaw Cellular, allesamt Absolventen derselben High School, haben sich in Seattle durch öffentliches Engagement, durch die Förderung der Ansiedlung neuer Firmen schon jetzt quasi einen Seniorenstatus erworben.«

Diese Jungmilliardäre mit ihren unvergleichlichen Erfolgsgeschichten verleihen Seattle das Fluidum, das für die nächsten Jahrzehnte einen weiteren boomhaften Anstieg der Attraktivität verspricht. In den Schulen Seattles wird bereits mit interaktiven TV-Programmen experimentiert, die Stadt soll schon bald die erste komplett mit Glasfaser verkabelte Ansiedlung der Vereinigten Staaten werden, und Virtual Reality ist dort nicht zu einem Modebegriff verkommen, sondern wird fast an jeder Straßenecke geprobt und erforscht.

Dazu Donald Katz, der an einem Buch über die digitale Medienrevolution arbeitet: »Die Shorecast High School gehört zum glasfaserverkabelten, an Internet angeschlossenen, computerreichen Shoreline Public School District. Hier erlebte ich Schüler, die ihre eigenen multimedialen Erdbeben-Videos produzierten; die Texte, Stimmvorlagen und visuelle Eindrücke von Online- und analogen Geräuschquellen sammelten und die Media-Melange dann in einem der vielen Media-Laboratorien an der Schule digitalisierten.«

Seit 1964 stieg der Anteil der Beschäftigten im Dienstleistungsbereich in den Vereinigten Staaten kontinuierlich an, mehr als zwei Drittel der Menschen sind heute dort tätig. Und der Anteil der Computerfachleute hat sich in den achtziger Jahren mehr als verdoppelt. Seattle wurde zum Zentrum dieser Entwicklung.

»Die Zukunft wird in Seattle gemacht«, versicherte mir einer dieser smarten jungen Leute, der gerade eben ins Multimedia-Geschäft eingestiegen war, und ich denke, er wird recht behalten.

Zum erstenmal trat Seattle im Jahr 1962 als technologiebegeisterte Stadt aus dem Schatten des mächtigen Boeing-Konzerns: als Gastgeberin und Schauplatz der Weltausstellung. Bill Gates war zu dieser Zeit noch nicht einmal sieben Jahre alt und John F. Kennedy seit zwei Jahren Präsident der Vereinigten Staaten von Amerika.

Kennedy wird für die junge Generation in den Vereinigten Staaten zum Hoffnungsträger. Er soll die USA aus der seit dem Ende des Zweiten Weltkrieges herrschenden Stagnation herausführen. Die Jugend Amerikas schöpft wieder Kraft aus dem bahnbrechenden Optimismus Kennedys. Er wird für fast alle zum Symbol eines neuen Amerika, eines technik-, wissenschafts- und zukunftsorientierten Landes, das aus der Agonie nach dem Krieg und aus der entmutigenden McCarthy-Ära wie der Phönix aus der Asche emporsteigen soll. Der feste Wille, etwas Neues zu leisten, neue Wege zu gehen, das schier Unmögliche möglich zu machen, wird wieder modern. Mit dem Ausspruch »Wir werden noch in diesem Jahrzehnt auf dem Mond landen« begeistert der jugendlich wirkende Präsident die Massen. »Wir werden noch viel mehr tun, nicht, weil es leicht sein wird, sondern – im Gegenteil – weil es schwierig sein wird. Nur so, durch ein solches Ziel können wir das Beste aus uns herausholen. Allein, weil wir die Herausforderung suchen.«

In diesem Geist öffnet die Weltausstellung ihre Pforten, und auch der kleine Bill Gates ist von der ausgestellten Technik begeistert. Mehrere Male besucht er mit seinen Eltern das Ausstellungsgelände, betrachtet die ersten Großrechner und elektronischen Erfindungen, die in den Hallen gezeigt werden, und macht im Pavillon »Welt von morgen« und im »Leben mit General Electric« Bekanntschaft mit dem Büro der Zukunft und der Vision eines völlig technisierten Haushalts. Aber derartige Technik hinterläßt noch keinen tiefen Eindruck auf den Siebenjährigen. Fasziniert ist er jedoch von der Monorail-Bahn. Blitzschnell legt sie die Strecke vom Ausstellungsgelände zum Space Needle zurück – eine Meile in nicht einmal 100 Sekunden, zu Beginn der sechziger Jahre eine ungeheure Leistung. Der Space Needle, die futuristische Turmkonstruktion der Weltausstellung, 184 Meter hoch und heute das Wahrzeichen Seattles, ist die Endstation der Monorail-Bahn. Direkt vom ehemaligen Ausstellungsgelände führt die Bahn bis zum Needle. Das letzte Wegstück zum drehbaren, patentierten Restaurant – direkt unter der Spitze der »Nadel« – legt man in einem ebenso schnellen Aufzug zurück. Von dort aus habe man den schönsten Ausblick auf den Sound, sagen die Einheimischen, und die müssen es wissen. Von hier aus erkennt man genau, wie Seattle sich zwischen die Seen drängt und vor dem Hintergrund der schneebedeckten Kegel der erloschenen Vulkane abhebt. An sonnigen Tagen im Frühjahr und Sommer taucht die Abendsonne Seattle und die Hunderte von Inseln und Inselchen im Puget Sound in ein sanftes, malvenfarbiges Licht.

Der Space Needle und das Restaurant übten auf den elfjährigen Bill eine ungemeine Anziehungskraft aus. Diese war so groß, daß er sich einige Tage in Klausur begab und die Bergpredigt aus dem Matthäus-Evangelium auswendig lernte, immerhin 111 Verse und drei lange Kapitel, die er, ohne vom Blatt abzulesen, frei rezitieren mußte, um sich ein Essen im Restaurant zu verdienen. Denn diesen Preis hatte der Pastor der Gemeinde, Reverend Dale Turner, für den ausgesetzt, der dieses Meisterstück vollbrachte.

Mit den Seligpreisungen begann Bill Gates seinen Vortrag, und ohne zu stocken, mit der genau richtigen Betonung rezitierte er Vers um Vers: »... Ich aber sage euch, daß ihr nicht widerstreben sollt dem Übel, sondern wenn dir jemand einen Streich auf die rechte Wange gibt, dem biete die andere auch dar ...« Der Vortrag von Bill gelang hervorragend, kein anderer hatte es geschafft, so glänzend, so konzentriert und so flüssig die Bergpredigt wiederzugeben.

»Bill ist etwas ganz Besonderes«, sagte später Reverend Dale Turner im Interview mit James Wallace. Doch zunächst einmal hatte der elfjährige Bill erreicht, was er wollte. Er hatte seinen Intellekt und seine Arbeitskraft eingesetzt, um das zu bekommen, was für ihn von Bedeutung war.

Bereits im Alter von zwölf Jahren machte Bill Gates seine
ersten Erfahrungen an einem Computerterminal. Die
Schule hatte einen Fernschreiber erworben, der als Ar-
beitsplatz über Modem und Telefonleitung mit einem
PDP-10-Minicomputer im Geschäftsviertel von Seattle
vernetzt war und dessen Rechenzeit über Spendengelder
der Eltern finanziert wurde. Dieses zukunftsweisende Angebot der Schule sollte den weiteren Weg von Bill Gates
entscheidend beeinflussen.

An diesem Punkt beginnt die Mär vom ungezogenen,
frühreifen Computer-Kid, die von den Autoren in unterschiedlichsten Variationen erzählt wurde. Dazu hier die
Version des *Munzinger Archives:*

»Eines seiner ersten Programme diente der Stundenpla-
nung an der Schule. Wegen eines von ihm verursachten
›Computerabsturzes‹ getadelt, blieb er ein Jahr der Computergruppe der Schule fern, wurde aber dann im Alter von
14 Jahren Präsident der von den Computer-Kids gegründe-
ten Firma Traf-O-Data, die eine Auswertungssoftware für
Verkehrszählungen verkaufte und im ersten Jahr 20 000 US-
Dollar einnahm. Die Geschäfte ließen wieder nach, als die
Kunden erfuhren, daß die Lieferanten Schüler waren. Im
Alter von 17 Jahren unterbrach Gates seine Schulausbil-
dung, um eine Stelle als Programmierer in Vancouver anzunehmen, beendete aber 1973 doch die High School und
schrieb sich an der Harvard University in Cambridge ein.«
Eine Version, die zwar im großen und ganzen stimmen
mag, die aber in Einzelheiten nicht immer richtig ist.

Die Lakeside School war eine der ersten Schulen in den Vereinigten Staaten, die ihren Schülern den freien Zugang zu einem Computer ermöglichte. Der Computerraum war anfangs für die Schüler zu jeder Zeit zugänglich. Schon bald kristallisierte sich heraus, daß es immer wieder dieselben waren, die die Türklinke herunterdrückten, um an den Fernschreiber und damit an die Nabelschnur des PDP-10 zu gelangen. Bei Bill Gates löste der Computer eine regelrechte Sucht aus. Jede freie Minute verbrachte er in diesem Raum und machte dort auch die Bekanntschaft des zwei Jahre älteren Paul Allen. Die Jungs verschlangen alles, was sie an Informationen über Computer in die Finger bekommen konnten. Schon bald wußten die Schüler über die Möglichkeiten des Rechners besser Bescheid als ihre Lehrer, und das Gerät stand kaum mehr still. Nur etwas behinderte die Jungs in ihrem extensiven Forscherdrang: Rechenzeit war Ende der sechziger Jahre noch ein sehr teures Gut, und der Etat, den der *Lakeside Mothers Club* zur Verfügung stellte, war schnell aufgezehrt.

Doch Bill und Paul kamen sich im Computerraum näher und wurden schließlich, obwohl mehrere Klassen zwischen ihnen lagen, zu Freunden. Sie wollten die technischen Möglichkeiten des Computers ausloten. Und noch eine Gemeinsamkeit kristallisierte sich sehr früh heraus – sie waren fest entschlossen, mit ihrem Wissen auch Profit zu erzielen. Zu diesem Zweck schlossen sich Bill Gates, Richard Weiland, Kent Evans und Paul Allen zu einer Firma zusammen. Als der Spaß die Schule aber zu teuer kam, schien die digitale Ära an der Lakeside School schon wieder zu Ende zu gehen. Doch ein glücklicher Zufall verhinderte dies. Die *Computer Center Corporation* (CCC), die erste Firma, die kommerziell Rechenzeit zur Verfügung stellte, ließ sich in Seattle nieder. Und was noch wichtiger war: CCC wollte das eigene System möglichst kostengünstig nach Bugs – Fehlern im System – durchsuchen lassen und stieß bei der

Suche nach geeigneten Sneakers auf die Computergruppe der Lakeside School. Im Gegenzug bekamen die Jungs Computerzeit fast kostenlos zur Verfügung gestellt. Schon nach kurzer Zeit knackten sie die internen Systeme der Firma CCC, und Bill Gates brachte das System mehrere Male zum Absturz. Bis 1970 konnten sie so die Grenzen der DEC-Minicomputer ausloten und sammelten Erfahrungen, die ihnen später noch große Dienste leisten sollten.

Die Sucht nach binären Zahlen und die Macht über die elektronischen Gehirne ließ die Jungs nicht mehr los. Als Beschäftigung für Jugendliche waren Computer damals noch völlig unbekannt, weshalb der Fanatismus ihres Sohnes die Eltern Gates' nicht wenig beunruhigte. Da sie sich nicht mehr anders zu helfen wußten, untersagten sie Bill kurzerhand, den Computerraum zu betreten. Neun Monate lang mußte er sich beherrschen. Doch dann hatte ihn der Computer wieder. Alle Schüler, die irgendeine Information dazu benötigten, wandten sich an Gates, aber dennoch entwickelte er sich zunehmend zu einem Sonderling, der sich leicht aufbrausend und sehr ungepflegt gab. Er galt als schwierig, übte jedoch auf seine Mitschüler trotzdem eine gewisse Anziehungskraft aus.

Mit 16 Jahren durfte Gates seinen Führerschein machen, und da seine Eltern nicht zu den ärmsten Familien der Stadt gehörten, konnte er sich den Wagen aus der elterlichen Garage nehmen: einen dunkelorangefarbenen Ford Mustang Cabrio. Die risikofreudige Raserei mit dem Auto entpuppte sich schon bald als zweite Lieblingsbeschäftigung von Bill Gates.

Doch zurück zum Computer: Der erste Auftrag, den die kleine Firma erhielt, war die Erstellung eines Lohnlistenprogramms der Firma ISI, wofür die jungen Unternehmer im Gegenzug wiederum kostenlose Computerzeit einheimsen konnten. Doch eine Firma war nicht genug: Zusammen mit Paul Allen gründete Bill Gates die Firma

Traf-O-Data, die Software und Hardware für Verkehrszählungen per Computer lieferte. Über ein Jahr lang erhielten die beiden Aufträge von der öffentlichen Hand, dann besorgten die Auftraggeber die Auswertung via Computer selbst. Traf-O-Data existierte nur noch auf dem Papier. Dennoch blieben für die beiden Jungunternehmer ein paar tausend Dollar übrig.

Anfang 1972 bekamen die Teilnehmer der Lakeside-Computergruppe dann ein weiteres attraktives Angebot. Sie sollten den Stundenplan für die Schule mit dem Computer erstellen. Nachdem Kent Evans bei einem Bergunglück ums Leben gekommen war, bastelte Bill Gates zusammen mit Paul Allen die ganzen Sommerferien an dem Stundenplan. Der eigene Vorteil stand aber bei der Planung immer im Vordergrund: Als Gates und Allen mit ihrer Arbeit fertig waren, hatte die gesamte Oberstufe am Dienstagnachmittag frei, und in einigen Erzählungen wird sogar behauptet, Gates habe sich, nach der Zusammenlegung der Lakeside-Jungenschule mit dem Lyzeum von St. Nicholas, per Stundenplan als einziger Junge einen Kurs mit lauter gutaussehenden Mädchen verordnet.

Der Erfolg spornte Gates an, das Stundenplanprogramm auch anderen Schulen anzubieten, und es gingen auch ein paar Institute auf das Angebot ein. Das große Geld war damit allerdings nicht zu verdienen. Das Ganze fand dann ohnehin ein schnelles Ende, weil ein großer Job von der Rüstungsfirma TRW den beiden Programmierern winkte. TRW hatte den Auftrag angenommen, die Energieversorgung durch ein EDV-Netz zu überwachen, und stieß schnell auf Probleme mit den PDP-10-Rechnern. Über Umwege erfuhren die TRW-Manager von den Lakeside-Computer-Kids, die ja schon einschlägige Erfahrungen mit der PDP-10-Software hatten, und beauftragten sie, sich als Sneaker auf die Suche nach weiteren Bugs zu machen. Die Aufgabe lautete aber diesmal ein wenig anders: Nicht das System sollte zum Zusammenbruch gebracht, sondern die verschiedenen Möglichkeiten sollten eruiert werden, wie man das System nach einem Absturz möglichst schnell wieder hochfahren könne. Die TRW-Geschichte brachte die Programmierfähigkeiten von Allen und Gates wieder einen großen Schritt weiter. Doch der Einstieg ins Computer-Busineß sollte noch auf sich warten lassen.

Bill Gates beendete erst einmal seine High School und schrieb sich an der Nobeluniversität Harvard ein. Sein erklärtes Ziel nach Abschluß der High School war es, mit 25 Jahren die erste Million in der Tasche zu haben. Es sollte ihm gelingen.

Die ersten Semester in Cambridge bedeuteten für Gates eher verlorene Zeit. Er versuchte sich zu orientieren, wußte aber nicht, welche Richtung er wählen sollte. Seine Familie drängte ihn, wie sein Vater die Anwaltslaufbahn einzuschlagen, aber Bill schrieb sich fast ausschließlich in naturwissenschaftlichen Fächern ein. Zudem galt er mit seinem Intellekt in Harvard nicht als Spitze, sondern als Durchschnitt, was seinem Selbstbewußtsein nicht guttat. Und so widmete er den größten Teil seiner Freizeit nicht dem Lernen, sondern zwei sehr unterschiedlichen Dingen: dem Computer und den Pokerkarten. In den Semesterferien arbeitete er bei verschiedenen Elektronikkonzernen, um sich so sein studentisches Zubrot zu verdienen, glücklich aber war Gates in Harvard nicht. So rannte Paul Allen offene Türen ein, als er ihm im Januar 1975 die Titelseite von *Popular Electronics* mit dem MITS-Altair zeigte und ihm sagte: »Bill, wir dürfen diese Entwicklung nicht verschlafen.«

Die Gründung und die weitere Entwicklung von Microsoft hingen dann eng mit dem Entschluß zusammen, das Studium abzubrechen. Gates ließ die Pokerkarten in Harvard liegen und folgte dem Ruf von Paul Allen. Sie wollten mitmischen, und schon damals bestand ihr Ziel darin, das Zeitalter des Computers maßgeblich mitzugestalten. Hierfür mußte zunächst die Computersprache BASIC für den Altair lesbar gemacht werden. Diese Programmierarbeit brachte schließlich die Initialzündung für Microsoft und bedeutete den eigentlichen Beginn der außergewöhnlichen Karriere von Bill Gates.

Er stieg dadurch in die Liste der großen Programmierer auf, in der viele klangvolle Namen zu finden sind: Dan Bricklin, der Schöpfer von VisiValc, der damit den ersten richtigen Anreiz für den Kauf eines Personalcomputers schuf; Andy Hertzfeld, der das Betriebssystem des Macintosh entwickelte, der wiederum lange die Spitzenposition auf dem Personalcomputer-Markt verteidigte; Wayne Ratliff, der mit der Schöpfung von dBase den Datenverwaltungen den Weg ebnete; Charles Simonyi, der Multiplan entwickelte und den Programmierweg der Software-Schmiede Microsoft maßgeblich beeinflußte; Jonathan Sachs, der mit Lotus 1-2-3, einer Tabellenkalkulation, in der zweiten Hälfte der achtziger Jahre den Kampf auf dem Software-Markt für sich entschied; Jef Raskin, der den Macintosh entwickelte; und Gary Kildall, der jahrelang mit dem Betriebssystem CP/M den Standard setzte. Diese Namen sind in der Silikon-Gemeinde fast alle zur Legende geworden, und sowohl Paul Allen als auch Bill Gates gehören unzweifelhaft mit dazu.

Auch wenn Gates seit Jahren keine eigene zusammenhängende Programmierarbeit mehr vorgewiesen hat, nimmt er für sich in Anspruch, weiterhin als Programmierer tätig zu sein: »In gewisser Hinsicht programmiere ich immer noch, wenn ich in das Design eines Produktes eingebunden werde, allerdings ohne im eigentlichen Sinne zu codieren. Wir haben jede Menge guter Entwickler, die diese Arbeit machen. Die Leute wissen durch meine Memos, was ich gut finde und was weniger. Ich habe meine Vision immer noch klar vor Augen und versuche, die richtigen Leute einzustellen und sie auf die Vision einzuschwören«, ließ er einen Reporter der Zeitschrift *Chip* im Dezember 1994 wissen.

Auf die Frage, ob er sich zwischen Programmentwicklung und der Weichenstellung für sein Unternehmen nicht verzettle und gelegentlich Anfälle geistiger Ermüdung befürchte, antwortet Gates dem *Spiegel*:

»Dieses Wort ›fürchten‹ ist ein emotionaler Begriff, das gefällt mir gar nicht. Wer etwas Weitsicht hat, weiß: Es gibt nun einmal keine Sicherheit, der Vorsprung muß immer wieder aufs neue erkämpft werden. Trotzdem macht mir die Sache noch sehr viel Spaß. Wenn da gelegentlich eine gewisse Müdigkeit durchkommt, ignoriere ich sie. Ich bin jetzt 39, also schon ziemlich alt. Früher habe ich locker zwei Nächte hintereinander durchgemacht und 40 Stunden am Stück gearbeitet. Das schaffe ich heute nicht mehr. Es gibt also schon gewisse Grenzen.«

Und den eigentlichen Reiz seiner Arbeit hat Gates trotz der einschneidenden Erlebnisse und stürmischen Entwicklungen der letzten Jahre nie aus den Augen verloren. Er möchte wieder programmieren, und wenn der Reiz der Macht und des Geldverdienens nachlassen und sich die Suche nach etwas Neuem schwierig gestalten sollte, dann könnte es wirklich dahin kommen. Wer ihn kennt, schließt nicht aus, daß er sich eines Tages aus dem Geschäftsleben zurückzieht und an einem neuen Programm arbeitet:

»Ich wünsche es mir, daß ich wieder einmal programmieren darf. Denn beim Programmieren kann man alles kontrollieren, jede Zeile gehört einem, und man fühlt sich wegen jeder Zeile einfach gut. Es ist selbstsüchtig, aber es ist ein wenig so, als ob einem erlaubt wird, die pure Mathematik zu betreiben, und plötzlich hat man das Gefühl, daß man wirklich arbeitet. Manchmal steigt in mir richtiger Neid hoch gegenüber meinen Kollegen, wenn ich sehe, wie diese sich nur auf das Programm, an dem sie gerade arbeiten, konzentrieren.«

IV. Der junge Mann mit der großen Brille

»Bill ist eine moralische Kraft, eine Spektral-
kraft, eine Kraft, die modelliert, eine Kraft, die
formt. Eine Kraft mit einer sehr dicken Brille.«
DOUGLAS COUPLAND IN MICROSERFS

Unzweifelhaft ist »Billy the Computer-Kid«, der 19jährige, picklige Junge, in den letzten 20 Jahren zu einer modernen Sagengestalt geworden. Es kursieren zahlreiche Anekdoten über seine Karriere, über seine Absonderlichkeiten, über die Art und Weise, wie er seine Konkurrenten, egal welchen Kalibers, aufs Kreuz gelegt hat, oder über die Computerbesessenheit des Sonderlings. Sie reichen vom Ketchup eines Hamburgers, das kurz vor einer der wichtigsten Besprechungen in der Microsoft-Geschichte das weiße Hemd besudelte, über die vorhin schon erwähnte vergessene Krawatte bis hin zur bedeutenden Excel-Präsentation im Mai 1995, als Gates in einem völlig zerknitterten Anzug, ungewaschen, ungekämmt und in einem ungebügelten Hemd vor die Kameras der Fachpresse trat. All diese kleinen Geschichten haben das Bild der Person Bill Gates in der Öffentlichkeit mit geprägt.

Er selbst scheint sich um diese Aperçus, die der Legendenbildung Vorschub leisten, wenig zu scheren, er lebt seine Kauzigkeit aus und füttert die Mythenmacher des öfteren geschickt mit neuen Beweisen seiner Skurrilität. Doch hinter diesem Verhalten steckt eine gehörige Portion Kalkül: Gates weiß, daß er das Aushängeschild von Microsoft ist, daß man seinen Namen mit dem Markenzeichen der Software-Schmiede in Redmond untrennbar verbindet – und man kann Microsoft manchen Programmierfehler nachweisen, aber beim Marketing unterliefen den »Microserfs«, wie sich die Mitarbeiter von Bill Gates selbst nennen, in den letzten Jahren kaum Ausrutscher.

Gates ist zu clever, um die Wichtigkeit seiner Person im Binnen- und Außenverhältnis von Microsoft zu ignorieren. Daher scheut er auch keine Mühe, sich selbst zugunsten des Unternehmens im besten Licht zu präsentieren – auch wenn manchmal seine eigene Person darunter leidet. Er besitzt eine erstaunliche Toleranz, was eigene Fehler betrifft, aber was er überhaupt nicht verträgt, das ist – auch berechtigte – Kritik an Microsoft.

Auch nach noch so genauer Recherche kann man nicht in allen Fällen genau unterscheiden, was an den Geschichten über den Microsoft-Gründer wahr und was nur kolportiert ist. So wurden Gates' nervöse Sitzgewohnheiten zu einem der wichtigsten Charakterisierungsmerkmale: Vorgebeugt sitzend, stützt er seinen Oberkörper auf die Ellenbogen, die ihrerseits Halt auf seinen Oberschenkeln finden, und so schaukelt er im ewig gleichen Rhythmus vor und zurück, wobei er, sozusagen zur Untermalung seiner Wiegefreudigkeit, einen für sein Gegenüber ermüdenden Takt mit den Zehenspitzen trommelt. Wer ihn allerdings einmal bei einem Interview oder bei einer Präsentation sieht, muß erstaunt feststellen, daß Gates vollkommen reglos auf seinem Stuhl verharrt. Er ist in der Regel ein konzentrierter und aufmerksamer Zuhörer sowie ein sehr engagierter Diskussionsteilnehmer. Das nervöse Wippen ist eher ein Zeichen der Ungeduld, die Bill Gates in der Tat rasch befällt. Nichts geht ihm schnell genug, und wie er von sich selbst immer das Äußerste erwartet, verlangt er auch von seinen Mitmenschen stets extremes Engagement und blitzschnelle Auffassungsgabe. Wer diese Erwartungen nicht erfüllt, der interessiert ihn nicht mehr.

Gates muß die Menschen, mit denen er zusammenarbeitet, schätzen, er muß sich aber auch an ihnen reiben können. Denn zu seiner Ungeduld kommt ein weiterer Wesenszug, der im Englischen mit einem treffenden Ausdruck bezeichnet wird: *competitive*. Im Deutschen kann man das nur ungefähr mit »wettbewerbsfreudig« übersetzen. Gemeint ist, daß er sich immer mit anderen messen muß. Er muß immer testen, ob er den anderen schlagen kann oder nicht. Es ist daher nicht verwunderlich, daß er für sein Leben gern bei jeder sich bietenden Gelegenheit wettet – bei Pferderennen ebenso wie bei den Marktchancen eines neuen Programms. Einmal hat er sogar ein eigenes Wettspiel entworfen, das auf den Endzahlen der Nummernschilder parkender Autos basierte. Nicht zuletzt erklärt diese »Zockermentalität« auch seine einstigen Pokerfreuden in Harvard.

Viele dieser Charakterisierungen sind schon fast zu Klischees erstarrt, aber man kommt als Chronist nicht umhin, damit zu arbeiten, will man den sehr öffentlichkeitsscheuen Gates beschreiben.

Eines ist Gates auf jeden Fall: ein außergewöhnlich zielstrebiger Mann. Der Financier Warren Buffet hat den Nagel auf den Kopf getroffen, als er behauptete, daß Gates, hätte er mit einem Würstchenstand angefangen, heute Würstchen- statt Software-König wäre. Der Primus in seiner Branche wäre er in jedem Fall.

Bill Gates ist und bleibt für alle Betrachter, nicht jedoch für seine Freunde, ein rätselhaftes Genie. Er ist schüchtern, jähzornig, verhuscht, konzentriert, erfolgreich und eigenwillig. Das sagenhafte Durchsetzungsvermögen und die immense Durchhaltekraft des hyperaktiven Gründers von Microsoft haben sein Gespür für die richtige Situation noch verstärkt.

Schon sehr früh mußten seine Verhandlungspartner und Kritiker vor seinem brillanten Fachwissen und dem stark ausgeprägten amerikanischen Unternehmergeist kapitulieren. Sein Äußeres, das eher an einen unbedarften Exzentriker erinnert, hat schon viele aufs Glatteis geführt. Sie mußten meist schmerzlich feststellen, daß vor ihnen nicht nur ein »struppiger Digitalisierer« saß, sondern zugleich ein extrem cleverer Geschäftsmann, der präzise und konzentriert jede sich bietende Gelegenheit erfaßt und – wenn irgend möglich – zu seinem Vorteil ummünzt. Kraft seiner geradlinigen Denkweise sieht er sofort den Kern eines Problems. Dabei bemüht er sich ständig, anderen Menschen weder herablassend noch anbiedernd gegenüberzutreten, und er gibt darauf acht, durch seinen Lebensstil und sein Art, Menschen, die für ihn wichtig sind oder die er noch anderweitig braucht, nicht unnötig vor den Kopf zu stoßen.

Bisher gelang ihm das hervorragend. Auch wer ihm vorwirft – was häufig geschieht –, nur ein Vermarkter fremder Ideen zu sein, kommt nicht umhin, die positive Seite dieser Strategie zu sehen: Er kann Ideen in die Tat umsetzen. Er verliert nicht die Lust, nachdem er eine Sache angedacht hat, sondern verfolgt diese bis zu dem Punkt, an dem er feststellen kann, ob sie funktioniert oder nicht. Während andere Menschen sich noch über die Durchführbarkeit eines Projektes Gedanken machen, hat er die Sache bereits angepackt. Auch wenn es ungemein schwierig ist, ihn von etwas zu überzeugen, hat er immer auch auf andere Menschen gehört, und er hat es bis heute verstanden, Aufgaben an die richtigen Menschen zu delegieren. Das ist einer der wichtigsten Gründe für seinen Erfolg. Bill Gates ist in all seiner Widersprüchlichkeit ein Mann zwischen den zwei binären Zahlen: der Eins und der Null, also ein Mensch, für den es nur zwei Alternativen gibt.

In der Abschlußzeitung der Lakeside School wurde das Foto des Schülers Gates – als Sneaker auf einem Tisch im Computerraum, mit Billig-Turnschuhen, abgewetzten Jeans, der tief in die Stirn gezogenen Wollmütze – noch mit der Frage »Who knows him?« untertitelt. Heute kennt ihn in Amerika fast jedes Kind. Inzwischen ist dieses Bild in mehr Zeitungen und Zeitschriften abgedruckt worden als die Hochzeitsbilder von Michael Jackson. Und das leicht schalkhafte Lächeln, die sympathisch nach oben gezogenen Mundwinkel und die ungewöhnlichen zwei Grübchen auf jeder Wange sind bei der Lektüre von Wirtschaftszeitungen schon fast zu einem vertrauten Anblick geworden. Ebenso seine immer zu großen Hornbrillen, die meist mit fettigen Fingerabdrücken übersät sind. Die verschmutzten Gläser können jedoch die listigen, lebendigen Augen nicht verbergen. Die Sommersprossen und die mit Slangwörtern wie »cool«, »super« oder »great« durchsetzte Sprache erinnern aber immer noch an jenen Sneaker, obwohl er nach 20 Jahren Microsoft schon zu den Altvorderen des erfolgreichen Busineß gehört.

Dafür, daß er die Höhen des Establishments schon frühzeitig erreichte und so viel Interesse der Öffentlichkeit auf
sich zieht, gelang es ihm sehr gut, unerwünschte Publi-
zität zu vermeiden. Sein Erfolgsrezept hierfür: Er meidet
die Öffentlichkeit, wo es nur geht, und verzichtet auf
einen ausschweifenden Lebensstil, der das Interesse der
Regenbogenpresse anstacheln würde.

An jedem Morgen zwischen acht und neun Uhr beginnt
sein Arbeitstag, meist kommt er selbst mit dem Auto und
stellt dieses auf dem Firmenparkplatz ab. Oft telefoniert
er dann noch eine halbe Stunde von seinem Autotelefon
aus, bevor er in sein Büro und zu seinem Schreibtisch geht.
Sein Alltag ist so unspektakulär, daß wirklich nicht viel Sen-
sationelles in den Klatschspalten zu lesen ist. Die Zeitungs-
reporter müssen sich daher meist mit unspektakulären,
häufig wiederholten Aussagen begnügen: »Er bewegt sich
mit aristokratischer Lässigkeit und Anmut ... Er ist ein
ziemlich guter Sportler, schwimmt und fährt Wasserski ...
Er fliegt trotz seiner Milliarden nur Touristenklasse« – Aussagen, die Gates manchmal zu amüsieren scheinen.

In einem *Spiegel*-Interview antwortet er auf die Frage, ob
er denn wirklich nur Touristenklasse fliege, mit einem Au-
genzwinkern: »Das hängt mit unserer Firmenkultur zusammen – wir verschwenden kein Geld. Außerdem bin
ich nicht übermäßig groß, mein Körper läßt sich perfekt in
einem Touristenklasse-Sitz verstauen. Aber bevor Sie in
Tränen ausbrechen: Es ist sogar schon vorgekommen, daß
ich im Urlaub erster Klasse geflogen bin.«

Doch weiter zu den einzigartigen Eigenschaften, die dem »Mythos Gates« unterstellt werden: Er braucht keinen Schlaf, sein Lieblingsgetränk ist Coca-Cola, seine Lieblingsspeisen sind Hamburger und Pizza. Gegessen wird demnach nicht im Nobelrestaurant, sondern meist am Schreibtisch, wobei zum Hamburger Käsetoast und Pommes frites serviert werden, und das, obwohl es 14 hauseigene Kantinen auf dem »Campus« in Redmond gibt. Allerdings muß man hier einschränkend erwähnen: Gates soll sich drei Jahre lang sehr gesund ernährt haben, da seine damalige Freundin Vegetarierin war.

Die Hauptbeschäftigung von Bill Gates besteht darin, Konferenzen vorzubereiten, zu leiten oder auch nur daran teilzunehmen. Ist der Konferenztag gegen Mitternacht zu Ende, setzt er sich in seinen Porsche, fährt nach Hause und arbeitet dort angeblich noch seine elektronische Post auf.

Tatsache ist, daß sich seine Ernährungsgewohnheiten von denen anderer vielbeschäftigter Personen nicht sonderlich unterscheiden und er einem guten Essen keineswegs abgeneigt ist. Natürlich findet er hierfür als fleißiger Chef eines fast 15 000 Mitarbeiter beschäftigenden Unternehmens, das über vier Milliarden Dollar Umsatz erwirtschaftet, selten die nötige Zeit und Muße. Doch darüber hinaus pflegt er auch diesen Nimbus der Genügsamkeit nicht ohne Kalkül: So kann er Verschwendungssucht bei seinen Mitarbeitern anprangern und im Keim ersticken, und auch seine Gegner bekommen keine Gelegenheit, ihn eines extravaganten Lebensstils zu bezichtigen. Er transportiert ein Bild von sich, das manchmal in den Augen anderer zu einem geschickt inszenierten Trugbild wird.

Er kultiviert seine Stärken und seine Schwächen und erhält so ein Image, das ihn vor ungeliebten Überraschungseffekten schützt – eine deutliche Abgrenzung von der Jetset-Gesellschaft, deren Angehörige man häufiger in den Schlagzeilen der Yellow Press findet als am Schreibtisch.

Bill Gates zieht sich in seiner freien Zeit in den Schoß seiner Familie zurück. Die Möglichkeit, sich dort zu erholen, war auch einer der ausschlaggebenden Gründe für den Umzug von Microsoft nach Seattle. Generell hält er an seinen Freunden fest, die für ihn immer wieder einen wichtigen Bezugsrahmen darstellen. Auch das Unternehmen versucht er wie eine große Familie zu führen. Die Abwanderungsquote von weniger als zehn Prozent der Mitarbeiter spricht für den Erfolg dieses Bestrebens – zumal die Fluktuation in der Branche generell sehr hoch ist und die Gehälter bei Microsoft nicht als berauschend gelten. Allerdings waren Mitte 1980 nur noch vier Mitarbeiter aus der Gründerzeit in Albuquerque beim Unternehmen, die anderen neun hatten Microsoft verlassen.

Es fällt auf, daß Gates in Interviews nur ungern von sich selbst spricht. Geht es um die Firma oder um Programmiererfolge, verfällt er im Gespräch meist in den Duktus »wir«. Ein Mensch, dem das Wort »wir« leichter über die Lippen geht als das Pronomen »ich«, kann nicht der despotische Führer sein, als welcher Bill Gates in der Presse immer wieder beschrieben wird. *Leadership* ist für ihn zwar keine unbekannte Größe und der Umgang mit dem *President* mag in vielen Situationen schwierig sein, aber daß die Führungscrew seit den achtziger Jahren weitgehend stabil geblieben ist, spricht für den Teamgeist bei Microsoft, für die Philosophie der Firma, der auch Gates selbst sich unterwirft.

Die Firma bedeutet ihm viel. Er hat sie aufgebaut und ihren Erfolgskurs im wesentlichen bestimmt, und er muß nun dafür sorgen, daß Microsoft seine Führungsposition nicht verliert. Das erfordert tagtäglich seinen vollen Einsatz: »Mein Leben dreht sich um die Arbeit, bestimmt in meinen Dreißigern und wahrscheinlich auch noch in meinen Vierzigern.«

Damit setzt er in seinem Unternehmen Maßstäbe, an denen auch alle anderen gemessen werden. Deshalb ist der jahrelang gehegte Wunsch seiner Angestellten, er möge doch bald eine Frau finden, die ihn ein wenig von der Arbeit abhält, nur allzu verständlich. Und auch seine Konkurrenten sehnten dieses Ereignis in seinem Leben herbei, denn wie sagte schon ein Konkurrent: »Ich wünschte, Bill würde heiraten und ein Kind kriegen, damit er nicht mehr so viel arbeiten kann wie jetzt.«

Der geheime Wunsch der Microserfs und der Konkurrenz wurde zumindest teilweise erhört: Gates ist inzwischen verheiratet. Die Auserwählte, Melinda French, ist eine Microsoft-Angestellte. Seither brodelt verständlicherweise die Gerüchteküche: Melinda soll ähnlich wie Bill einen Intelligenzquotienten von über 160 haben, und angeblich besteht das Eheleben in erster Linie aus Diskussionen über Probleme der Firma. Auch hier versteht er es hervorragend, den Mantel des Schweigens um sein Privatleben zu hüllen; er und Melinda halten sich, was Einzelheiten betrifft, kunstvoll bedeckt.

Doch eines gilt als sicher: Die sehnliche Hoffnung seiner Mitarbeiter und Konkurrenten, er möge nach der Heirat weniger Zeit zum Arbeiten finden, ging nicht in Erfüllung. Sein Arbeitsrhythmus hat sich nach Einschätzung von Daniel Ichbiah nicht verlangsamt, was nicht zuletzt auch an den ähnlichen Arbeitszeiten seiner Ehefrau liegen mag.

»Viele Leute, vor allem der Psychoanalytiker hier im Haus, wollen immer von mir wissen, ob ich mir mehr Mühe geben werde, wenn ich im nächsten September wieder in die Schule gehe. Meiner Meinung nach ist das eine blöde Frage. Wie soll man denn wissen, was man tun wird, bevor man es wirklich tut? Die Antwort ist, daß man es eben nicht weiß.«

Holden Caufield, der Held in J. D. Salingers Jugendroman *Der Fänger im Roggen*, setzt gegen die Konvention der Erwachsenenwelt die naive Cleverneß der Jugend. Allerdings scheitert Holden, legt man »normale«, eben konventionelle Maßstäbe an, am Ende mit seiner Rebellion gegen das Erwachsenwerden. Aber seine fiktiven Erlebnisse in New York haben eine ganze Generation geprägt und, glaubt man Bill Gates, auch diesen.

Catcher in the Rye, so der englische Titel, sei eines seiner Lieblingsbücher, gibt er unumwunden zu, es habe ihn maßgeblich beeinflußt. Seine unbekümmerte Art, an Probleme heranzugehen, zeigt recht gut, wie er gegen Konventionen, die ihn einengen, angeht. Ebenso wie er mit der Tatsache, daß er der reichste Mann der Vereinigten Staaten ist, sehr unkompliziert hantiert. Das Wirtschaftsmagazin *Forbes* vermutete dahinter schon gleich eine Taktik:

»Bill Gates häuft eine Milliarde nach der anderen an, ohne daß es so richtig auffällt.«

Aber es ist weniger Strategie als vielmehr Gleichgültigkeit gegenüber der Höhe seines Kontostandes. Der Erfolg als solcher zählt, und der wird in anderen Kategorien gemessen. Die Milliarden haben an seiner Bescheidenheit und seiner Zugänglichkeit für Menschen nichts geändert, sagen Bekannte von Bill Gates.

»Ich fahre noch denselben Ford Mustang Cabrio wie vor 20 Jahren«, erklärte er 1991 in einem Interview. »Zwar stehen in der Garage außerdem ein Ferrari und ein maßgeschneiderter Porsche 959, der mich etwa eine Million gekostet hat« – und den er monatelang nicht von den amerikanischen Zollbehörden loseisen konnte, da er nicht den US-Sicherheitsvorschriften entsprach –, sowie noch zwei, drei superschnelle Autos. Doch Gates nutzt sie nicht als Statussymbole: »Ich liebe eben Luxuskarossen«, erklärt er gelassen, und »in der Öffentlichkeit trage ich zerfranste Jeans und fahre den alten Ford Mustang«. Image ist alles, und auf den Tasten des Public-Relations-Klaviers versteht Bill Gates meisterhaft zu spielen.

In seiner *Microsoft-Story* erwähnt Daniel Ichbiah einen Filmbeitrag im französischen Fernsehen mit dem Titel *Die Neuen Reichen der Neuen Welt*. Auf die Frage des Interviewers nach seiner Einstellung zum Reichtum antwortete Gates:

»Wissen Sie, ich brauche meine Hemden nicht selber zu waschen. Wenn ich die Speisekarte im Restaurant ansehe, achte ich nicht allzusehr auf den Preis. Ich habe einen Swimmingpool zu Hause und kann daher nach Lust und Laune schwimmen. Wasserski liebe ich auch, also habe ich auch ein Boot«, beschrieb er völlig emotionslos die Vorteile des dicksten Bankkontos von Amerika.

»Das Geld bringt mir nichts außer indiskreten Fragen«, äußerte er an anderer Stelle, und das sei »der Grund, weshalb ich nicht gerne an mein Vermögen denke, denn nur ein winziger Prozentsatz davon ist nötig, um ein normales Leben zu führen.«

Der äußere Schein ist für Bill Gates nicht wichtig, er lebt

sein Leben relativ unbekümmert, und wenn das anderen nicht paßt, so ist das deren Sache – Holden Caufield läßt grüßen. Da schenkt man dann jenem Gerücht, daß seine Autos in den Anfangsjahren von Microsoft oft nach saurer Milch stanken, gerne Glauben. Der Anhänger des kreativen Chaos warf die leer getrunkenen Milchtüten mit einem lässigen Schlenker aus dem Handgelenk einfach in den Fond des Wagens, wo sie unbeachtet liegenblieben.

Konventionen und Geld sind für ihn von untergeordneter Bedeutung. Wichtig sind ihm jedoch die Anerkennung durch andere und der eigentliche Erfolg. Zum ersten Mal habe er im April 1984 gewußt, daß er auf dem richtigen Weg sei und es bald geschafft haben werde, erklärte er. Damals war er auf einem Titelblatt der Zeitschrift *Time* zu sehen. Erfolg ist für Bill Gates das Lebenselixier, aus dem er seine Energien schöpft. Die Nummer eins zu sein ist für ihn das Wichtigste bei allem, was er tut. Egal, ob er beim Pokern, beim Wetten, auf der Rangliste der reichsten Männer oder im Ranking der Computerunternehmen ganz oben steht – die Nummer eins zu sein ist sein erklärtes Lebensziel.

So ist es für ihn auch sehr angenehm, wenn er von der politischen Nummer eins, Bill Clinton, zum Golfen eingeladen wird – wer gewonnen hat, ist nicht bekannt. Vielleicht war das auch der Grund, weshalb sich Gates, eigentlich als unpolitischer Mensch bekannt – zumindest was die Parteizugehörigkeit betrifft –, vor den Karren der Clinton-Administration spannen ließ, als er, ebenso wie Chrysler-Boß Lee Iacocca, in TV-Spots für den amerikanischen Handelspakt *Nafta* warb. Doch das dürfte sich wohl weniger mit dem Golfmatch als mit dem guten Wetter erklären, um das sich Gates kümmern muß, seitdem der Vorwurf des Monopolismus seinem Unternehmen Microsoft ungeheuren Ärger eingebracht hat. Den Weg, den Berlusconi in Italien gewählt hat, sich einfach selbst an die Spitze des Staates zu setzen, will Gates aber auf keinen Fall einschlagen. Auf die Frage, ob es ihn nicht reizen würde, Präsident der Vereinigten Staaten zu werden, erklärte er in einem Interview der Züricher *Weltwoche:* »Nein, dies ist etwas, das mir nicht Spaß machen würde. Und ich wäre da auch nicht gut, besonders im Vergleich zu dem, was ich jetzt mache. Meine Kenntnisse über Technologie und Produkte und solche Dinge werden in dem Job, den ich jetzt habe, viel besser genutzt.«

Überhaupt scheint es ihm die Politik nicht gerade angetan zu haben: »Ich konzentriere mich auf meine Produkte, nicht auf Politik, obwohl ich eine Meinung zu politischen Dingen habe. Zum ersten Mal war es mir 1993 bei einem Abendessen mit Al Gore wichtig, einen Kontakt zur US-Regierung zu knüpfen.«

Schuster, bleib bei deinen Leisten, heißt an dieser Stelle das treffende Zitat. Aber letztlich ist es in den Märchen doch immer so, daß die Schuster – sprich: die Handwerker und Techniker – die Welt stärker veränderten als die Könige.

»Je nachdem, welche Maßstäbe man ansetzt«, relativiert Gates in der *Weltwoche.* »Wenn man alle Technologen als Gruppe betrachtet, dann ganz sicher. Wer erinnert sich an die Politiker von vor 50 Jahren? Ich denke, die Einführung der Elektrizität hatte eine größere Bedeutung als die Präsidentschaftswahlresultate von 1900. Ich glaube, ich habe den besten Job der Welt, sowohl, was die tägliche Arbeit, als auch, was ihre langfristige Wirkung betrifft. Man kann zu sich sagen: Did we make something happen or not?«

Bill Gates hat die Welt mit seinem Unternehmen und dessen Produkten bereits verändert, und er wird sie weiterhin gravierend verändern – der kleine umtriebige, introvertierte Junge, der nicht allzu viele Freunde hatte und sich immer wie ein Besessener auf seine Arbeit stürzte.

Sein sprichwörtlicher Ehrgeiz, die Cleverneß und die Intelligenz – nicht zu vergessen auch der Zufall und das
Glück – haben Gates zu dem gemacht, was er heute ist. Er
selbst nennt auf Nachfragen aber auch noch einen anderen
Erfolgsfaktor: das logische Denken. Und diese Fähigkeit
und deren Schulung führt er auf eine Quelle zurück: auf
seine Vorliebe für Mathematik.
Die Mathematik sei für ihn die Überlegenheit der Logik
über den menschlichen Geist, hat er einmal geäußert. Und
diese Überlegenheit habe auch erst das möglich gemacht,
was ihn ganz nach oben gebracht hat: den Computer, der
ähnliche Eigenschaften wie die Mathematik besitzt – er ist
logisch. Ein Computer ist ganz einfach und in sich schlüs-
sig konzipiert, er behält nur das, was er wissen muß, und
kann in Sekundenbruchteilen auf dies und jenes zurückgreifen. Andererseits sei es erstaunlich, aber unter dem
Strich völlig unnötig, daß ein Mensch so viele komische
Sachen im Kopf habe, die er gar nicht brauche. Namen
von irgendwelchen einäugigen italienischen Skifahrern,
die dennoch im Slalom zur Weltspitze gehörten, oder den
Tag, an dem der Nachbarhund seine Jungen bekommen
hat. Sicherlich, dieses enorme Fassungsvermögen der
neuronalen Netze im Gehirn ist unvorstellbar und ein
Meisterwerk der Natur, aber ein Computer ist im Gegensatz dazu etwas Klareres, etwas Logischeres: kein Drum-
herumgerede, keine Emotionen. Entweder er funktioniert
oder nicht.
Das Faszinosum *Mathematik* verlor zwar für Gates in

Harvard etwas von seinem Reiz, weil es dort Kommilitonen gab, die in diesem Fach besser waren als er. Dennoch hat die Mathematik ihn bis heute nicht losgelassen:

»Die Mathematik beeinflußt die Computerwissenschaft. Die meisten Programmierer haben deshalb auch einen mathematischen Hintergrund, es hilft einfach, die verschiedenen Lehrsätze zu durchschauen und so die anstehenden Probleme präziser durchleuchten zu können. Mathematik hat einen direkten Bezug zum Programmieren, vielleicht für mich mehr als für alle anderen, weil es genau die wissenschaftliche Richtung ist, aus der ich komme.«

Über kurz oder lang wird auch das »Computing« zu einer richtigen Wissenschaft werden – »mit akademischen Titeln für die Kompetenzen, die heute von jedem Programmierer als selbstverständlicher Teil seines Jobs erwartet werden. Die Informatik entwickelt sich sehr schnell, aber anders als die Mathematik, die auf eine mehr als 300 Jahre alte Theorie zurückgreifen kann, gibt es uns, die wir uns damit beschäftigen, erst seit etwa 20 Jahren. Wirklich brillante Denker beschäftigen sich langsam damit und bringen die Wissenschaft weiter; die Informatik und das Programmieren liegen zunehmend im sogenannten Mainstream. Das nicht zuletzt deshalb, weil jetzt schon die Kinder mit Computern aufwachsen. Das wird diese skizzierte Entwicklung in den nächsten Jahren noch schneller voranbringen. Sehr viele große Programmierer programmierten bereits als Teens, zu der Zeit, als ihre Denkstrukturen noch ein wenig flexibler waren als später. In der Vergangenheit genügte es nicht nur, ein guter Programmierer zu sein, man mußte entweder Führungsqualitäten zeigen oder andere Fähigkeiten aufweisen. Gott sei Dank hat sich dies verändert. Nun wird es immer mehr Leuten klar, daß es eine Wissenschaft ist, für die es sich lohnt zu lernen, auch um später andere Menschen darin zu unterrichten.«*

Spricht daraus nur die Enttäuschung von Bill Gates, den es doch reut, nicht die wissenschaftliche Laufbahn eingeschlagen zu haben, und der jetzt auf diese Weise versucht, seine Tätigkeit gegenüber anderen zu rechtfertigen? Sicher waren seine Eltern damals, als er Harvard Knall auf Fall verließ, nicht begeistert und setzten ihn massiv unter Druck. Doch Bill Gates wurde von dem Wunsch beherrscht, Neuland zu entdecken, statt auf den bekannten, ausgetretenen Wegen zu wandern. Er wollte seine Vision verwirklichen, und er ist mit dem ihm eigenen Selbstbewußtsein zur Tat geschritten.

---

* Der Begriff *Computing* wurde an dieser Stelle zum besseren Verständnis mit dem Begriff *Informatik* übersetzt. In Deutschland ist die Informatik schon seit geraumer Zeit eine eigenständige Wissenschaft. Die Universitätsausbildung ist hier zudem völlig anders strukturiert als in den Vereinigten Staaten. – Anm. d. Autors

Das Programmieren ist »seine« Wissenschaft, und hört man Bill Gates zu, dann verstärkt sich der Eindruck, daß es wirklich eine Wissenschaft ist, allerdings eine ganz spezielle:

»Den größten Teil meiner Arbeitszeit verbringe ich mit den verschiedenen Teams, in denen die Microsoft-Programme entwickelt werden. Etwa alle eineinhalb Monate kommen wir zusammen und reden drei, vier Stunden über das, was gerade anliegt: Welche Marktveränderungen lassen sich beobachten? Soll ein Programm eher klein werden? Wie schnell muß es sein? Wie liegen wir im Plan? So halten wir uns gegenseitig auf dem laufenden, wobei es nicht mehr so abläuft, daß ich mich selbst hinsetze und Programmzeilen schreibe. Das liegt ungefähr zehn Jahre zurück.«

Doch immer noch, auch im Zeitalter der Gigabytes, heißt seine Programmierdevise »Small is beautiful«. Auch wenn sich die Entwicklung seit Mitte der siebziger Jahre atemberaubend beschleunigt hat: »Programmierer, die heute mit ihrer Arbeit beginnen, müssen bei weitem nicht so stark die Daten komprimieren wie wir früher, das macht es für sie aber auch schwieriger, das richtige Glaubensbekenntnis der Programmierer zu erlernen, weil sie immer aus dem vollen schöpfen können, was den Speicherplatz anbelangt. Vor nur zehn Jahren waren die Ressourcen allerdings strikt begrenzt, und das ist der Grund, weshalb die älteren Programmierer immer noch über solche Dinge nachdenken.«

In vielen Fällen liegt darin ein großer Vorteil, denn bemüht man sich um schlanke Strukturen im Programm, bekommt die Programmroutine von Anfang an eine stringente Logik vermittelt, die sich später in geringerem Speicherplatz für das eigentliche Programm – das war jahrelang der Vorteil von Windows gegenüber OS/2 – und durch schnelleren Zugriff auf die Einzeldaten auszahlt. Man könnte meinen, daß Erfahrung beim Programmieren die wichtigste Voraussetzung darstelle und ohne Erfahrung kein zufriedenstellendes Ergebnis erreicht werden könne. Doch das ist laut Bill Gates nicht der Fall – entweder man hat das Zeug dazu oder nicht. Das Talent ist das Wichtigste, was einem guten und erfolgreichen Programmierer in die Wiege gelegt werden muß. Ohne Talent helfen weder Fleiß noch jahrelange Erfahrung weiter:

»Das Programmieren wird allerdings durch die zunehmende Erfahrung nicht leichter. Nach den ersten drei oder vier Jahren wird es schon überdeutlich, ob man ein guter Programmierer ist oder nicht. Nach wenigen Jahren hat man die Erfahrung, größere Projekte durchzuziehen, und auch das Wissen, wie man mit Mitarbeitern umgeht, aber bereits nach drei oder vier Jahren ist die Richtung vorgegeben, in die man geht. Es gibt bei Microsoft keinen mittelmäßigen Programmierer, der mehrere Jahre vor sich hin entwickelte und plötzlich, wie aus heiterem Himmel, auf einmal alles genial durchschaute und löste. Ich kann mit jemandem über ein Programm sprechen, das er geschrieben hat, und weiß genau, ob er ein wirklich guter Programmierer ist. Wenn er wirklich gut ist, hat er alle Details sofort verfügbar, sie liegen ihm quasi auf der Zunge. Es ist wie mit jemandem, der Schach spielt. Wenn man wirklich im Spiel ist, kann man jeden Zug der letzten zehn Schachpartien nachspielen, weil man sich damit beschäftigt hat. Für andere Menschen, die die Schachspieler oder Programmierer von einer anderen Warte betrachten, klingt das natürlich völlig verrückt, aber das ist normal. Noch heute kann ich mich an eine Tafel stellen und die meisten Quellcodes von Microsoft Basic niederschreiben, obwohl die Entwicklung des Programms ja schon mehrere Jahre zurückliegt.«

Nicht umsonst nennen viele Programmierer die eigene Programmschöpfung ihr Baby. Die geschriebenen Zeilen bedeuten für sie oft mehr als nur ein paar willkürlich auf Papier gekritzelte und dann in den Computer eingegebene Befehle und Buchstabenfolgen.

»Das Programmieren erfordert eine ungemeine Menge an persönlicher Energie, mit ein Grund, weshalb die meisten Programmierer sehr jung sind. Und das kann zu einem Problem werden, weil Programmieren auf der anderen Seite auch eine ganze Menge an Disziplin erfordert. Wenn man jung ist, ist man noch nicht so charakterfest, die Ziele stehen noch nicht fest, man wird leichter von dem einen oder dem anderen abgelenkt. Junge Programmierer müssen damit zurechtkommen, dann werden sie immer besser werden. Ich glaube, daß ich mich als Programmierer zwischen 1975 und 1980 dramatisch verändert habe. Noch 1975 hätte ich gesagt: ›Hey, paßt mal auf, ich kann alles.‹ Ich dachte damals wirklich, ich könne alles, weil ich so viele verschiedene Codes gelesen hatte und keinen einzigen fand, den ich nicht wirklich schnell lesen konnte. Ich glaube immer noch daran, daß einer der ausgeklügeltsten Tests, um Programmierqualitäten zu überprüfen, einfach darin besteht, einem Programmierer 30 Seiten Code in die Hand zu drücken und zuzusehen, wie schnell er ihn durchlesen und verstehen kann.

Das hängt vom Talent ab, das kann man wohl sagen. Es ist vielleicht sogar so etwas wie der eigentliche Intelligenzquotient. Man muß sich voll und ganz auf den Code konzentrieren und ihn mit anderen Programmen, die man bereits geschrieben hat, verbinden. Viele Leute würden sagen, dazu benötigten sie Tage. Ein wirklich guter Programmierer stellt sich hin und sagt: ›Laßt es mich mit nach Hause nehmen. Ich brauche nur eine Stunde heute nacht, um das Ganze erst mal durchzusehen.‹ Die Unterschiede hinsichtlich der Geschicklichkeit sind riesig groß«, antwortete Bill Gates auf eine Frage von Susan Lammers, die das Interview in dem Microsoft-Buch *Programmers at Work* veröffentlichte.

Für Gates ist »der beste Weg, um ein richtiger Programmierer zu werden, immer noch die Praxis: Programme schreiben und die großen Programme studieren, die andere geschrieben haben. In meinem Fall habe ich die Abfalleimer im Computer Science Center durchwühlt und die Listen herausgezogen, die das Bertiebssystem beschrieben. Man muß andere Codes einfach lesen wollen, bevor man eigene schreibt, und dann müssen andere erst einmal drüberschauen. Man muß sich wirklich in diese unbeschreibliche Feedback-Schleife hineinbegeben wollen, in der einem die Weltklasse-Typen sagen, was man falsch macht.«

In dieser Feedback-Schleife kann nur bestehen und sich ganz nach oben arbeiten, wer sich zwar in ein Team einfinden und damit auch einer Hierarchie unterordnen kann, aber gleichwohl genügend Selbstbewußtsein besitzt, um eigene Ideen, von denen er völlig überzeugt ist, auch gegenüber anderen durchzusetzen. Für Bill Gates war dieses Gegenüber, gegen das er sich durchsetzen mußte, in den Anfangsjahren von Microsoft Paul Allen.

»Paul und ich haben einen sehr effektiven Weg entdeckt, miteinander zu arbeiten. Man findet nicht allzu viele Partnerschaften wie diese. Er hatte einen riesigen Einfluß auf mich. Und dann, in der eigentlichen Microsoft-Periode, haben Charles Simonyi und einige andere mich weiter geformt.«

Dennoch führten der Einfluß, den Gates verspürte, und

seine eigene Art und Weise, zu arbeiten und sich für Erfolg und Profit der Firma einzusetzen, zu einem Zerwürfnis zwischen den beiden Microsoft-Gründern – zumindest wurde dies in der Presse behauptet.

Sicher ist, daß Paul Allen sich von Microsoft zurückzog, als er erfahren mußte, daß er an der schweren Hodgkinschen Krankheit litt. Anfangs arbeitete er noch halbtags an der Entwicklung von DOS 2.0, verließ dann aber Microsoft, um sich erst einmal in Europa umzusehen und auf andere Gedanken zu kommen. Bill Gates fühlte sich von seinem Freund verlassen und konnte – oder wollte – den Entschluß von Paul Allen nicht nachvollziehen. Immerhin leidet er selbst seit seiner Kindheit immer wieder an schwerwiegenden Darmproblemen, und die Wahrscheinlichkeit, einmal an Darmkrebs zu erkranken, ist für ihn sehr hoch. Es gibt sehr viele Menschen, die mit Krankheiten nichts anzufangen wissen und diese bei anderen Menschen für Schwäche halten, weil sie selbst sich nicht mit Krankheit und Tod auseinandersetzen wollen.

Für die Freundschaft zwischen den beiden bedeutete das zunächst einmal: größere Distanz. Paul Allen wollte sich angesichts dieser Entwicklung die Hektik und das ständige Suchen nach der Fortsetzung des Erfolgs nicht mehr zumuten. Folgerichtig kehrte er, als die Krankheit überstanden war, nicht zu Microsoft zurück, sondern gründete eine eigene Software-Firma namens Asymetrix. Dort konnte er das Entwicklungs- und Arbeitstempo selbst bestimmen und seine eigenen Vorstellungen verwirklichen, ohne sich auf kräfteraubende Diskussionen mit Bill Gates einlassen zu müssen. Aber obwohl einige der besten Mitarbeiter Ende 1984 von Microsoft zu Asymetrix wechselten, schadete das der Beziehung zwischen Allen und Gates nicht sonderlich. Die Distanz zwischen den beiden verringerte sich in den nächsten Jahren wieder. Soweit es der Tagesstreß und die Geschäfte zuließen, traf man sich privat, und auf einer offiziellen Pressekonferenz von Microsoft wurde auch offen das gute Verhältnis zwischen Gates und Allen demonstriert. Schließlich haben sie auch keinen Grund, aufeinander eifersüchtig zu sein: Immerhin befindet sich auch Paul Allen auf der Liste der 100 reichsten Menschen der Welt, zwar nur im unteren Drittel, aber bei einem Vermögen im Milliarden-Dollar-Bereich ist das mit Sicherheit kein Grund, auf den anderen neidisch zu sein.

Dennoch zeigen auch diese Spannungen in einer schwierigen Freundschaft, daß es für andere nicht immer leicht ist, mit Bill Gates zu arbeiten und sich den auf Profit ausgerichteten Strukturen von Microsoft zu unterwerfen.

Er verlangt von sich selbst das Äußerste und von seinen
Mitarbeitern ebenso. Zwar sind viele Microsoft-Angestellte
aufgrund der Geschäftsbeteiligungen und nach dem Gang
an die Börse Millionäre geworden, aber an der klassisch
schlechten Bezahlung aus den Gründerzeiten und der no-
torischen 60- bis 80-Stunden-Woche der leitenden Angestellten hat sich seit damals wenig geändert. Die Erwartung
eines 80stündigen Arbeitseinsatzes pro Woche gehört auch
heute noch zu einer recht zweifelhaften Corporate Identity.
Seit den Gründertagen in Albuquerque achtet man bei der
Personalpolitik von Microsoft immer darauf, nur die Leute
einzustellen, die man auch tatsächlich braucht. Daher ist
die Personaldecke selbst bei fast 15 000 Mitarbeitern in Relation zur geleisteten Arbeit sehr knapp. So wird von den
Angestellten ein überdurchschnittlicher Arbeitseinsatz erwartet. Was das bedeutet, zeigt etwa die Geschichte des
Programmierers, der für ein DOS-Anwenderprogramm
zuständig war, sich aber trotz Termindrucks »nur« 60 bis
70 Stunden in der Woche an seinem Platz befand. Noch
heute wird hinter vorgehaltener Hand auf dem Microsoft-
Campus erzählt, daß die Erfolgsbeteiligung des Mannes
von 15 auf 14 Prozent gekürzt worden sei. Die Politik der
kalkulierten Personalknappheit ist eine äußerst effiziente
Strategie der Macher um Bill Gates, denen es immer wieder gelingt, ein an frühkapitalistische Zeiten erinnern-
des Selbstausbeutungssystem den eigenen Mitarbeitern
schmackhaft zu machen und auf diese Weise den inneren
Zusammenhalt auch noch zu stärken.

Der *Generation X*-Autor Douglas Coupland hat im *Spiegel Special* vom November 1994 das Tagebuch eines Microsoft-Programmierers veröffentlicht, der diese Tretmühle, in der sich gerade die jungen Angestellten von Microsoft erst einmal zurechtfinden müssen, sehr anschaulich beschreibt:

»Heute ging es weiter mit dem Arbeitsstreß. Schuften, schuften, schuften. Das schaffen wir nie. Sagte ich das schon? Warum verkalkulieren wir uns immer mit unseren Lieferterminen? Ich versteh es einfach nicht. Arbeitsbeginn um 9.30 Uhr, Feierabend um 22.30 Uhr. Essen vom Pizzaservice. Und drei Diät-Cokes.«

Das Leben besteht fast nur aus Microsoft für die jungen Mitarbeiter, die noch dazu auf dem Campus-Gelände zu mehreren gemeinsam in Häusern und Wohngemeinschaften wohnen. »Microserfs«, Leibeigene, nennen sich die Programmierer-Mitarbeiter von Microsoft selbst. Aber nicht mehr nur die verrückten Computer-Kids sind heute in Redmond beschäftigt, das Anforderungsprofil hat sich verändert. Neben Mathematikern, Physikern und Psycholinguisten werden sogar Bildhauer und Ethnomusikologen beschäftigt. Aber nichts, rein gar nichts wird dem Zufall überlassen. Die Personalpolitik von Microsoft ist einer der Erfolgsgaranten der Firma. Das Gefühl, einer großen Familie anzugehören, wird durch die in vielen amerikanischen Großbetrieben mittlerweile üblich gewordene Anrede mit dem Vornamen verstärkt. Und selbst Bill steht nicht völlig unnahbar ganz oben an der Spitze. Er ist kein lebendes Denkmal, das viele nur noch vom Hörensagen her kennen. Nicht selten lädt er Volontäre und Praktikanten zu sich in sein Büro oder nach Hause ein, gibt sich volksnah, verschlingt mit einigen von ihnen ein paar Hamburger und Pizzas vom Store um die Ecke und plaudert über ihre Vorstellungen, Visionen und den Weg, den sie sich bei und für Microsoft vorstellen.

»Es gibt wenige Dinge auf der Welt, die mich so zufrie-denstellen wie Gespräche mit wirklich klugen Men-schen«, gibt er selbst zu.

Bill Gates bemüht sich trotz seines überbordenden Ter-minkalenders, für seine Mitarbeiter immer noch erreich-bar zu sein, und dazu nutzt er die Segnungen der neuen Technik: Via E-Mail kann man zu jeder Zeit mit Bill kom-munizieren – und des öfteren antwortet er sogar.

Douglas Coupland schildert in einer Geschichte das Ge-spräch zwischen jungen Programmierern, von denen ei-ner gerade ein Gespräch mit Bill geführt hatte. Alle wollen von ihm wissen, wie er, Bill, denn wirklich sei:

»Ach, weißt du ... effizient. Die Leute vergessen immer, daß er medizinisch und biologisch ein Genie ist. Das ganze Essen über hat er nicht ein Mal ›äh‹ oder ›öh‹ ge-sagt, kein bißchen geistige Energie vergeudet. Wirklich eine Inspiration für uns alle. Ich habe ihm von meinem Flatlander-Konzept erzählt, daß man nur flaches Essen zu sich nehmen sollte, und dann haben wir uns über Geträn-ke unterhalten, die, wie du weißt, oft mit einem Strohhalm auf lineare, eindimensionale (und daher nicht zweidimen-sionale) Weise konsumiert werden. Getränke sind für mei-nen neuen Flatlander-Essen-Lifestyle ein echtes Problem. Aber dann wies Bill (oho, man nennt sich schon beim Vor-namen!) mich darauf hin, daß Eindimensionalität inner-halb eines zweidimensionalen Universums vertretbar ist. Das ist doch offensichtlich, und trotzdem bin ich nicht dar-auf gekommen! Gut, daß er der Mann an der Spitze ist.«

Doch während er einerseits bewundert beziehungsweise überhöht wird und ein Gespräch mit ihm den Angestell-ten die höchsten Weihen verleihen kann, so sind anderer-seits seine Tobsuchtsanfälle und sein verletzender Sarkas-mus gefürchtet. Ein Software-Entwickler, der sehr eng mit Gates zusammengearbeitet hat, verglich ihn einmal mit einem schlauen, kleinen, aber erst 14 Jahre alten Genie.

Wenn er irgend etwas zu kritisieren hat, und sei es auch nur die zu auffällige Umrahmung eines neuen Icons auf einer Benutzeroberfläche, wird er nervös, und die Grenzen zur Ungerechtigkeit sind dann fließend. Viele Sitzungen enden mit nervösen Erklärungen von Programmierern und Wutausbrüchen von Gates, der alles mit knappen Worten abkanzelt. Fachlich nicht sehr fundiert, mit emotionalen Ausbrüchen, wie »So ein Blödsinn!« – »Was für ein gnadenloser Unsinn!« – »Das ist das Albernste, was ich je gesehen habe!«, wird mancher Vorstoß eines Microserfs gnadenlos abgebügelt. Nichts ist für einen Referenten schlimmer als Gates' verzweifelter Blick an die Decke, fast so, als erwarte er, daß jeden Augenblick von oben die Erlösung kommen müsse. Seine Wutausbrüche hängen direkt mit dem Anspruch zusammen, den er an seine Mitarbeiter stellt: Sie sollen ebenso wie er die Nummer eins sein. Er gesteht allerdings – und das ist bemerkenswert – auch Fehler ein, jedoch gibt er sich erst nach einem sehr harten Überzeugungskampf geschlagen. Diesen Kampf braucht er. Das gehört zum Spiel, und wer zu schnell nachgibt, der wird von Bill Gates nicht mehr respektiert.

In der Wochenzeitung *Die Zeit* erklärt Fred Moody: »Gates' Wutanfälle rufen bei manchen Mitarbeitern sogar Begeisterung hervor. ›Er hat eine einzigartige Fähigkeit, sofort die richtige Frage zu stellen‹, sagt Brad Silverberg, Vizepräsident der Entwicklungsabteilung von Microsoft. ›Er kennt selbst die kompliziertesten Feinheiten eines Programms, und du fragst dich: Woher weiß er das?‹«

Abgesehen von diesen gelegentlichen Ausbrüchen kann Bill Gates aber ein sehr angenehmer, weil lockerer und unverkrampfter Gesprächspartner sein. Er weiß genau, daß man viel zuhören und reden muß, ehe man die richtige Entscheidung treffen kann. Nicht zuletzt deshalb hat er beim Aufbau der Firma immer besonders darauf geachtet, daß der freie Fluß der Informationen, der »free flow of communication«, kommunikationswissenschaftlich ausgedrückt, zwischen den einzelnen Abteilungen ungehemmt funktioniert. Seine Programmierer sind in kleinen Teams organisiert und müssen einander ständig über die Einzelprojekte informieren. Das erhält natürlich die innerbetriebliche Konkurrenz am Leben; dieses gegenseitige System von »Checks and Balances« spornt zu Höchstleistungen an. Während der sogenannten Bill-Meetings, die alle eineinhalb Monate stattfinden, mimt Gates dann taktisch und psychologisch geschickt entweder den Einpeitscher oder den Übervater.

Das Kalkül des Bill Gates ist allgegenwärtig, obwohl es im Unternehmen auch nach den Gründerjahren mehr als hemdsärmelig zugeht. Selbst die einstigen pubertären Grundhaltungen – so wurden anfangs angeblich deshalb keine Frauen eingestellt, weil sie in den Augen der Jungmachos nicht zu ordentlicher Arbeit taugten – oder die bewußte Mißachtung der Etikette haben sich teilweise erhalten, ebenso wie die Gewohnheit, Coladosen und Fast Food neben dem PC aufzutürmen. Was zählt, ist allein der Erfolg, und der muß auf dem kürzesten und für das Unternehmen besten Weg erreicht werden.

Noch einmal der Held von Douglas Coupland: »Wir haben uns letzte Woche gefragt, was passiert, wenn diese neue Mitarbeitergeneration den unvermeidlichen Burnout erlebt, der jeden Programmierer nach sieben Jahren befällt. Dann werden sie keine zwei Millionen Dollar haben, mit denen sie nach Hilo ziehen und einen Anglerbedarfsladen aufmachen können, wie es die alten Microsoftler gemacht haben. Nicht jeder kann ins Management gehen.«

Die wichtigste Grundlage für den Erfolg von Microsoft bildet neben den Mitarbeitern vor allem die richtige Menge an Ideen.

»Ich bekomme jede Menge Input: Ich lese, ich bekomme Mails, ich sitze mit den smarten Leuten zusammen, die mit mir arbeiten, und rede oft und viel mit ihnen. Es arbeiten viele großartige Leute für Microsoft, und nur ein kleiner Teil der Ideen kommt von mir. Wir haben viele Leute, und ich habe sie noch nie gefragt, woher sie ihre Ideen haben«, gestand er im *Chip*-Interview vom Dezember 1994.

Überhaupt erlaube ihm sein Job kaum eigene Visionen mehr. Sein Anteil bestehe eigentlich nur noch darin, die Fähigkeit zu kultivieren, die Gedanken anderer umzusetzen, blitzschnell die Situation zu erfassen und zu agieren. Bill Gates beherrscht diesen Job meisterhaft, denn er ist kein Mensch, der einfach nur reagieren will. Er selbst muß etwas schaffen, anstoßen, etwas auf den Weg bringen, nur dann zeigt er sich zufrieden. Durch seine Fähigkeit, die einzelnen Bausteine eines Puzzles in Windeseile zusammenzusetzen und die Zusammenhänge, die über dieses Puzzlebild hinausreichen, blitzschnell zu erkennen, fällt es ihm auch leicht, Ideen und Träume einzuordnen – in solche, die funktionieren können, und solche, die niemals Wirklichkeit werden.

Seine eigenen Träume konzentrierten sich dabei in den letzten Jahre auf ein Objekt, das seither viele Schlagzeilen gemacht hat: seine neue Villa, die er für 20 Millionen Dollar bauen läßt.

Diese Villa, besser: diese Villen – es sind mehrere Pavillons, die alle unterirdisch miteinander verbunden sind – sollen zu einer Art Museum werden. Wie großflächige Gemälde werden superflache Bildschirme an den Wänden hängen und eine Video-Arkade bilden. Diese Bildschirme sind, wie in einem Gatesschen Haushalt nicht anders zu erwarten, alle mit einem zentralen Computer verbunden. Auf Knopfdruck kann sich dann der Besucher das Bild auswählen, das er als das schönste empfindet: So können die drallen Frauen von Rembrandt problemlos mit einem kleinen Fingertip gegen eine Nachtaufnahme New Yorks ausgewechselt werden, und auch selbstgeschaffene graphische Gebilde, die an das eigene Mandala erinnern, können als elektronischer Bildschmuck erscheinen. In den Augen von Bill Gates ist das die eigentliche kulturelle Revolution: Die hochauflösenden Gemälde-Bildschirme sind die Zukunft der Kunst! Die Zukunft einer Kunst, die für jeden erreichbar und zu jeder Zeit verfügbar sein wird.

Das 12 000 Quadratmeter große Grundstück und die 3500 Quadratmeter großen Gebäudekomplexe am östlichen Ufer des Lake Washington werden eine Mischung aus Wohnhaus und Durchgangslager für Microsoft-Eleven werden und selbst architektonische Kunst darstellen. Die alte, Millionen Dollar teure Villa, die zuvor auf dem Grundstück stand, wollte Gates nicht einfach abreißen lassen, und so wurde sie für 100.000 Dollar verkauft und an einen neuen Standort am Lake Washington verfrachtet. Vom See aus wird die neue Anlage wie eine Ansammlung kleiner Häuschen wirken, überhaupt nicht protzig, angenehm in die natürliche Umgebung integriert; ein Anwesen, das keineswegs wie der Wohnsitz des reichsten Mannes der Vereinigten Staaten aussehen wird. Es soll zu einer Symbiose aus Kunst, Technik und Natur werden.

Ausschlaggebend für die Gestaltung der fünf Pavillons, von denen jeder eine eigene Funktion als Privat-, Gäste-,

Vortrags-, Bibliotheks- und Wirtschaftsraum hat, waren Umweltgesichtspunkte. Ein Teil der Uferzone wurde wieder naturgerecht zurückgebaut, die Bäume, die auf dem Grundstück standen, belassen, die Architektur an das Gelände angeglichen. Auch bei den Baustoffen legten der Architekt James Cutler – ein Mann aus Washington, obwohl die Ausschreibung für das Anwesen weltweit lief – und Bill Gates, die sich angeblich seit zwei Jahren fast jede Woche zur Baubesprechung treffen, Wert auf natürliche Materialien: Holz und Stein. Der erste Entwurf wird seither fast täglich verändert, neue Details werden hinzugefügt, andere verändert oder fallengelassen.

Doch Bill Gates will sich Zeit lassen, er steht nicht unter Druck: »Bis das Haus fertig ist, wird es noch fast zwei Jahre dauern – zur Zeit ist es wohl das berühmteste nicht gebaute Haus. Ungewöhnlich ist hierbei die Idee mit den hochauflösenden Farbbildschirmen an den Wänden und der riesigen Bilder-Datenbank mit rund einer Million verschiedener Motive, davon etwa 400 000 Kunstwerke. Nach dem Motto: Zeig mir den Mount Everest, zeig mir Moskau, zeig mir die Segelboote, einen Sonnenuntergang, die Wüste – und sofort haben Sie diese wundervollen Bilder an der Wand. Einfach klick, klick, klick.«

»Art by your fingertips« ist man versucht zu sagen.

Die Konzeption des Hauses ist die Erfüllung eines Traums, sie ist aber auch ein Hinweis darauf, wie sich Bill Gates das Leben in der elektronischen Zukunft bereits heute vorstellen kann: als sinnvolles Miteinander von Mensch, Natur und Computer. Und wer weiß, vielleicht wird dieses Anwesen dereinst genauso ein touristischer Anziehungspunkt wie heute die opulenten Villen der Reichen in Beverly Hills. Im Unterschied zu diesen wird die Gates-Architektur und -Gestaltung auf eine Entwicklung verweisen, die wir sehr genau beobachten müssen, um von ihr nicht überrollt zu werden. Zweifellos hat Gates auch hier eine sinnvolle Möglichkeit gefunden, einen Teil seines riesigen Vermögens zukunftsträchtig anzulegen.

»Eines unserer größten Probleme besteht darin, daß wir manchmal wirklich nicht wissen, was man mit dem ganzen Geld anfangen soll.«

Doch verschleudert wird bei Bill Gates kein Penny, nicht einmal für die Verwirklichung seines eigenen Traums – obwohl sein Unternehmen so hohe Barreserven besitzt, daß der Konkurrenz nur noch hilfloser Neid bleibt.

»Mit Computern kennen sich viele aus, doch man muß auch das Gespür für das Geschäft haben. Und das Geschäftemachen ist ganz einfach – es gibt Kosten und Einnahmen. Die Differenz zwischen beiden heißt Gewinn oder Verlust«, macht Bill Gates eine sehr einfache Rechnung seines Erfolges auf.

Doch Kritiker von Bill Gates sprechen ihm immer noch die Reife ab, Geschäfte zu machen. Ruthann Quidlen behauptet auch heute noch steif und fest, daß aus dem jungen Wunderkind noch kein richtiger und großer Mann geworden sei: »Bisher fehlt ihm dazu eine gewisse Menschlichkeit.« Der Neider sind viele, hat man einmal Erfolg, und der Vergleich mit großen Männern wird schnell bemüht, um Charakterschwächen hervorzuheben.

Aber in welcher Reihe der großen Männer sieht sich Bill Gates selbst – definiert er sich eher als Erfinder oder als Unternehmer, als Thomas Edison oder als Henry Ford? Auf diese Frage des *Spiegel*-Interviewers antwortete Gates etwas ausweichend:

»Ich kenne diese Gentlemen nicht persönlich. Was mich betrifft, so habe ich nicht einmal die Hälfte meiner Karriere hinter mir. Ich könnte noch ein paar richtig große Fehler machen – es ist also noch zu früh, mich mit einem von denen zu vergleichen. Mein Wissen über das Leben dieser Leute beruht auf Büchern, also auf einem eingeschränkten Blick. Aber ich will den Vergleich mal als Kompliment nehmen.«

Durch die Biographien von Bill Gates geistert auch immer der Vergleich mit Napoleon. Die Durchsetzungskraft der körperlich kleinen Männer wird da gepriesen. Zur Bestätigung ihrer These führen die Autoren meist an, daß Bill Gates jede verfügbare Biographie über den kleinen Korsen gelesen habe. Ähnlich wie Napoleon soll also auch Bill Gates der Faszination der Macht unterliegen.

»Über diesen Burschen sind sicher tausend Bücher geschrieben worden, ich habe nicht alle davon gelesen, und ich will ihm nicht unbedingt ähnlich sein«, weist Bill Gates selbst diesen Vergleich zurück. Doch auch wenn der Vergleich für ihn nicht stimmen mag, für viele seiner Mitarbeiter ist Gates zu einem alles beherrschenden Feldherrn geworden – und für einige noch zu viel mehr, so zumindest in der Literatur von Douglas Coupland:

»Manchmal, in der Teeküche zwischen all den Mehrwegkästen voller von Bill zur Verfügung gestellter Freigetränke, muß ich mich fragen, ob Microsofts Begeisterung für das Recyceln von Aluminium, Plastik und Papier nicht vielleicht die Sublimierung des geheimen Wunsches der Mitarbeiter nach Unsterblichkeit ist. Oder vielleicht ist auch Bill im Unterbewußtsein der Leute ein Ersatz für Gott.«

V. Die BASICs von Microsoft

»Wenn man je einem großen Programmierer bei der Arbeit zusieht, wird man feststellen, daß er seine Tools genauso gut kennt wie ein Maler seine Pinsel.«

BILL GATES IN *PROGRAMMERS AT WORK*

Bill Gates und Melinda French

Bill Gates hatte sehr früh erkannt, daß sich der Computermarkt in einer Feedback-Schleife befand. Die Fortschritte, die die Hardware-Entwicklung jedes Jahr machte, wirkten sich ganz automatisch auch auf die Qualität und die Bedeutung der Software aus. Gates und Allen schätzten, daß sich beide Märkte parallel zueinander aufbauen und gegenseitig hochziehen würden. Und mit dieser Einschätzung standen sie nicht allein, viele Firmen stürzten sich auf den Computermarkt und wollten am enormen Entwicklungspotential teilhaben. Selbst der riesige Elektronikkonzern IBM machte sich – zwar etwas spät, erst Anfang der achtziger Jahre – auf, Hardware für diesen Markt zu produzieren.

Auch die beiden ehemaligen Computer-Kids der Lakeside-Schule hatten anfangs vor, in das Hardware-Geschäft einzusteigen, und erwogen den Bau eines Computers. Doch dieser Entschluß war schon bald Makulatur, sie entschieden sich anders. Die Software mit ihren niedrigen Entwicklungskosten versprach den höchsten Profit, folglich war das der Bereich, in dem man sich engagieren mußte:

»Je mehr Software für einen bestimmten binären Standard geschrieben ist, desto mehr Leute kaufen Computer, die auf ihn abgestimmt sind. Der steigende Geräteabsatz wiederum ermuntert die Programmierer, weitere Software für diesen Computertyp zu schreiben – ein sich selbst verstärkender Kreislauf kommt in Gang. Die Marktführer profitieren überproportional von dieser Entwicklung und drängen die kleinen Herstelller langsam, aber sicher aus dem Geschäft.«

Das ist heute, nach 20 Jahren Personalcomputer, mit ein Grund dafür, daß es nur noch zwei bedeutende Hardware-Standards auf dem Markt gibt, den von IBM und den von Apple Macintosh. Um dieser Entwicklung aus dem Weg zu gehen, konzentrierten sich Gates und Allen auf die Software, die auch heute noch das Kerngeschäft von Microsoft ausmacht.

Bereits 1989 schrieb Bill Gates zusammen mit dem Entwicklungsleiter für fortgeschrittene Software, Nathan Myhrvold, in der Zeitschrift *Spektrum der Wissenschaft:* »Sicherlich bleiben noch viele Schwierigkeiten (bei der Software-Entwicklung; Anm. d. Autors) zu meistern. Dennoch sind wir überzeugt, daß sich die Software auch in Zukunft rapide weiterentwickeln und immer breitere Anwendungsbereiche erschließen wird. Ihre Entwicklung wird das Tempo bestimmen, mit dem wir auf das Informationszeitalter zuschreiten – denn Software ist das Sesam-öffne-dich dieser neuen Ära.«

Die Hardware-Pläne bei Microsoft wurden früh ad acta gelegt und bis heute – läßt man die Microsoft Mouse und die neue Microsoft-Multimedia-Tastatur einmal außer acht – auch nie wieder belebt. Jedoch war beiden schnell klar, daß man die Synergie-Effekte nur dann nutzen kann, wenn man als erklärter Software-Produzent auch guten Kontakt zur Hardware-Branche besitzt, und so suchten die Macher von Microsoft diesen Kontakt schon sehr früh: Das Microsoft-BASIC wurde zusammen mit MITS entwickelt, das DOS mit IBM, OS/2 mit IBM, Windows – wenn man so will – mit Intel. Auch die weiteren Projekte von Microsoft, sei es nun im CD-ROM- oder Multimedia-Bereich, waren immer von dieser Suche nach Kooperationspartnern geprägt. Das Motto lautet: Eigene Ressourcen ausbauen und optimal nutzen, neue Ressourcen über andere Partner erschließen. So kann man wirklich am leichtesten Profit schöpfen. Das soll kurz an einem Beispiel erklärt sein: Microsoft erreichte mit 15 000 Mitarbeitern einen Gesamtumsatz von 4,65 Milliarden Dollar, was ungefähr sieben Milliarden Mark entspricht. Der Umsatz des deutschen Elektronikriesen Siemens wurde im Geschäftsjahr 1993/94 auf rund 85 Milliarden Mark bilanziert, bei 382 000 Mitarbeitern. Siemens machte also im selben Geschäftsjahr den zwölffachen Umsatz von Microsoft und beschäftigte 25mal so viele Mitarbeiter wie die Firma aus Redmond. Und jetzt kommt der Clou: Der deutsche Großkonzern erzielte mit seinen Geschäftsdaten einen Jahresüberschuß von 1,99 Milliarden Mark, Microsoft hingegen konnte einen Gewinn von 1,75 Milliarden Mark nach Steuern ausweisen. Der Pro-Kopf-Überschuß eines Siemens-Mitarbeiters liegt also mit 5236 Mark um fast das 23fache unter dem Pro-Kopf-Nettogewinn eines Microsoft-Mitarbeiters, der fast 117.000 Mark beträgt – nach Steuern, wohlgemerkt.

Gut gewirtschaftet, kann man da nur sagen, und das läßt einen sehr schnell zu dem Fazit kommen, daß bei Microsoft nur wenig dem Zufall überlassen bleibt. Es sah zwar wie ein Zufall aus, als IBM bei der Suche nach einem neuen Betriebssystem auf Microsoft stieß, aber diesem Zufall war von seiten Microsofts mit Bedacht der Weg geebnet worden. Den Grundstein für die unglaubliche Erfolgsgeschichte legte Microsoft mit der Entwicklung von BASIC für den neuen Personalcomputer.

BASIC ist die Abkürzung für »Beginners all purpose symbolic information code«, was zu deutsch nicht viel mehr bedeutet als »problemorientierte Programmiersprache«. Programmiersprachen teilen sich in Maschinensprachen und Dialogsprachen auf. Der Unterschied: Die Maschinensprachen kommunizieren mit den binären Zahlen und werden dadurch, ohne zwischengeschaltete Übersetzung, direkt von der Maschine verstanden. Die Dialogsprachen hingegen sind der menschlichen Sprache angepaßt, die Befehle und Programmroutinen müssen für die Maschinen erst in den reinen binären Code verwandelt werden. Der Vorteil, daß sie für den Menschen besser verständlich sind, läßt sie jedoch zu einem besseren Mittler zwischen Mensch und Maschine werden. Darüber hinaus unterscheidet man bei den Dialogsprachen noch zwischen problemorientierten und nicht-problemorientierten Sprachen. BASIC zählt deshalb zu den problemorientierten Sprachen, weil sie dem Anwendungsproblem angepaßt ist.

Seit Ende der sechziger Jahre hat BASIC durch seine einfache Struktur den Programmieranfängern das Erlernen der Grundlagen erleichtert, denn im Vergleich zu anderen höheren Programmiersprachen ist BASIC ein sehr leicht zu erlernendes Programm. BASIC war in den Pionierzeiten des Personalcomputers die Software, die trotz knapper Arbeitsspeicher immer noch ganz gut funktionierte und so den späteren Anwendungsprogrammen und damit auch dem Siegeszug des Personalcomputers den Weg ebnete.

Der MITS Altair sollte der erste für jedermann erschwingliche Computer werden. Das zumindest war Ed Roberts' Devise, als er sich an den Bau und den Vertrieb des Altair machte. Der Besitzer der Elektronikfirma MITS, die bis Anfang der siebziger Jahre ihr Geld mit der Produktion von Taschenrechnern verdiente, aber von den Großen des Geschäfts wie Texas Instruments ins Abseits gedrängt worden war, wollte sich mit diesem Gerät einen neuen Markt erschließen. Roberts und seine Firma MITS benötigten diese neue geschäftliche Perspektive dringend, denn über eine Viertelmillion Dollar Schulden drückten zu Beginn des Jahres 1974 erheblich. Im Frühjahr brachte Intel dann den Chip 8080 heraus. Er war um einiges schneller als seine Vorgänger, und Roberts machte sich daran, um den Chip herum ein Gehäuse, einen Bildschirm sowie die diversen Elektroanschlüsse zu basteln. Das Tüpfelchen auf dem i war dann die Werbekampagne, in der er für seinen »Personalcomputer« warb. Allerdings fehlte ihm noch die nötige Software, damit die Kunden in spe überhaupt etwas damit anfangen konnten.

Als erste Zeitschrift veröffentlichte *Popular Electronics* ein Foto des Altair. Der Artikel und die Abbildung des Geräts auf der Titelseite der Zeitschrift waren wiederum die Initialzündung für Paul Allen und Bill Gates, sich ans Werk zu machen, um diese neue Entwicklung auf dem Computermarkt nicht zu verschlafen. Eine Programmiersprache mußte her, sonst war der tastaturlose, über rote Lampen und einen Schalter zu bedienende Kasten wertlos – das wußten alle Beteiligten. Ebenso wie allen klar war, daß hierfür nur BASIC in Frage kam, die einfachste Sprache von allen. Denn nur BASIC, oft verächtlich als Babysprache abgetan, ließ sich mit dem begrenzten Speicherplatz der neuen Computergeneration vereinbaren. Obendrein war BASIC auch für ein breites Publikum leicht zu erlernen und damit »anwenderfreundlich«, wie es später immer so schön hieß.

Eine schnelle Reaktion war nun gefragt. Wiederum kursieren mehrere Versionen der Geschichte, doch in diesem Buch soll die logischere Variante erzählt werden: Gates griff zum Telefonhörer, rief in Albuquerque an und bestand darauf, direkt zu Ed Roberts durchgestellt zu werden. Nach dem Artikel in *Popular Electronics* standen die Telefone bei MITS schon seit längerer Zeit nicht mehr still – entweder wollten die Anrufer ein Gerät kaufen, oder sie boten Roberts an, eine Programmiersprache für den 8080-Chip und den Altair zu entwickeln.

Roberts war schon leicht genervt und reagierte deshalb auch auf den Anruf von Gates sehr patzig: »Wissen Sie, Mr. Gates, hier rufen jede Minute neue Leute an und versprechen mir das Blaue vom Himmel. Ich kann Ihnen nur eines sagen: Schreiben Sie das Programm, bringen Sie es bei mir vorbei, und wenn Sie der erste sind, dann machen Sie das Geschäft.«

Gates überhörte den leicht genervten Unterton, setzte sich sofort an die Schreibmaschine und wiederholte sein Angebot schriftlich. Jetzt lief für die beiden ehemaligen Sneaker die Zeit, denn sie hatten hoch gepokert: Sie hatten weder eine Idee, wie sie BASIC für den 8080 zurechtstutzen sollten, noch hatten sie einen Rechner zur Verfügung, der dieselben technischen Daten wie der Altair aufwies.

Aber wie sollten sie so ihr Programm schreiben? Sie mußten mit nichts das Unmögliche möglich machen. Die Experten von Intel waren bereits an dieser Aufgabe gescheitert – und die hatten ganz andere Möglichkeiten als die beiden Studenten. Das Unterfangen schien von vornherein zum Scheitern verurteilt.

Beide, Gates und Allen, kannten aber von nun an nichts anderes mehr als BASIC und den Altair: Allen nutzte Gates' Computerzeit im Aiken-Computer-Center und simulierte auf einem PDP-10-Rechner so etwas wie den 8080-Chip und den Altair – er hatte ja bereits Erfahrung, was die Simulation anging, denn der Traf-O-Data-Computer war auf ähnliche Weise entstanden. Nun ahmte Allen über den Großrechner den 8080-Chip von Intel nach, was hervorragend funktionierte. Jede Information über den Altair und den neuen »Wunderchip«, deren er habhaft werden konnte, sog er begierig auf, er wälzte die Handbücher, die es inzwischen über den neuen Chip gab, studierte sämtliche Zeitungsartikel über den MITS Altair, ging den Technikern in Albuquerque auf die Nerven und beachtete jedes noch so kleine Gerücht, um seine PDP-10-Simulation dem Original möglichst perfekt anzugleichen. Gates ließ inzwischen Technik Technik sein und machte sich daran, BASIC in Form zu bringen. Das bedeutete vor allem, daß er den Quellcode verschlanken mußte. Jetzt kam ihm zugute, daß er BASIC wie seine eigene Westentasche kannte. Er wußte genau, wo er die Hebel ansetzen mußte.

Die nächsten Wochen waren für Gates und Allen die Hölle, sie arbeiteten wie besessen, keiner von beiden gönnte sich mehr den nötigen Schlaf – ein oder zwei Stunden, mehr waren oft nicht drin, der Minutenschlaf unter dem Schreibtisch kam erstmals zu Ehren. Sie tauchten unter und waren auch für Freunde und Familie in dieser Zeit nicht erreichbar. Ihre Motivation steigerte sich, als Roberts mehrmals bei Gates anrief und sich erkundigte, wann er das neue BASIC liefern könne. Roberts hatte den Bluff nicht durchschaut und den Köder geschluckt. Doch bei

111

einem dieser Telefonate verstieg sich Bill Gates zu einer irrwitzigen Zusage: »Warten Sie nicht auf die anderen, die Ihnen ein ähnliches Angebot gemacht haben, denn wir sind bereits soweit. Ich denke, daß wir Ende Februar 1975 mit dem Programm soweit sind. Richten Sie sich schon mal auf einen Besuch von uns ein.«

Ed Roberts nahm nicht nur den kleinen Finger, sondern gleich die ganze Hand und machte für Ende Februar einen festen Termin mit Gates. So geriet die lockere, prahlerische Zusage zu einem Ultimatum. Jetzt mußten sie liefern, um sich nicht zu blamieren, worauf das Interesse von Roberts an ihren Künsten und Diensten erlahmt wäre. Der Druck wurde fast unerträglich.

Bis zum allerletzten Augenblick schrieb Gates an dem Programm; Allen hatte sich ein paar Stunden vorher ins Bett gelegt, um in Albuquerque nicht an eine Nachteule zu erinnern. Da er der Ältere war, mußte er das Programm nach New Mexico bringen. Es sollte ja alles möglichst seriös wirken.

Kurz bevor das Flugzeug startete, war Bill Gates fertig, er drückte Allen das Papier in die Hand und wies noch auf das fehlende Ladeprogramm hin. Allen, der die Technik des Altair genau studiert hatte, mußte es selbst schreiben, und er hatte nur noch die Flugzeit nach New Mexico zur Verfügung. Es war ein Vabanque-Spiel: Wenn er sich auch nur in einem kleinen Detail irrte, würde der Altair nicht einmal »booten«, und falls Bill einen Fehler gemacht hatte, was BASIC betraf, hätten sie sich bis auf die Knochen blamiert und ihr Start ins neue Computerzeitalter wäre gründlich mißlungen.

Die Spannung stand Allen ins Gesicht geschrieben, und auch Bill Gates entfernte sich in Cambridge nicht allzu weit vom Telefon. Es war für Allen nicht einfach, sich auf die Arbeit zu konzentrieren, denn in Gedanken bereitete er sich schon auf den triumphalen Empfang bei der Weltfirma MITS vor. Wahrscheinlich würden sie ihn sogar mit einem Cadillac-Geschäftswagen abholen und in einem der besten Hotels am Platz unterbringen ... Sowohl für Allen als auch für Gates war die Firma, die den ersten Personalcomputer auf den Markt gebracht hatte, etwas ganz Besonderes.

Doch darin hatten sich beide getäuscht. MITS war, um es höflich auszudrücken, eine Klitsche. Die Enttäuschung war riesig, und Allen mußte sich schwer zusammenreißen, als er von dem hünenhaften MITS-Firmenchef persönlich in einem klapprigen, alten Pickup abgeholt wurde und erfuhr, daß er sein Hotelzimmer im teuren Hilton selbst zahlen sollte – was er nicht konnte. Kleinlaut mußte er Roberts bitten, ihn in einem anderen Hotel unterzubringen, was dieser dann auch tat. Allen grübelte: Waren sie nur einem Hochstapler aufgesessen? War die ganze nächtelange Arbeit und Aufregung umsonst gewesen? Die Zweifel nahmen von Minute zu Minute zu, und hinzu kam seine Ungewißheit, was ihre eigene Arbeit betraf. Konnte das Programm vom Computer überhaupt eingelesen werden? Und würde es dann funktionieren? Der ganze Enthusiasmus, die Selbstsicherheit schienen auf einmal wie weggeblasen. Auch Bill Gates, den Allen in Cambridge sofort nach seiner Ankunft anrief und dem er seinen ganzen Frust schilderte, ließ den Kopf hängen.

Am nächsten Morgen schlug für Allen die Stunde der Wahrheit. Er saß bei MITS zum ersten Mal vor einem Altair und ließ den Computer den Lochstreifen mit ihrem Programm einlesen. Er konnte nun nur noch zusehen und abwarten, ob das Programm lief oder nicht. Es wurden die längsten Augenblicke seines Lebens, und als der Computer zum ersten Mal reagierte und auf eine Eingabe wartete, konnte Allen einen Jubelschrei nicht unterdrücken. Es hatte geklappt. Der erste Personalcomputer funktionierte. Allen tippte »zwei und zwei« ein, und es erschien die Lösung »vier«; Allen tippte die ersten Kommandos des Mondlandeprogramms ein, und es lief – eine ganze Weile funktionierte der Altair, ohne abzustürzen.

Ed Roberts war begeistert, er hatte nicht geglaubt, daß die beiden renitenten Jungprogrammierer, die ihren Mund so voll genommen hatten, es schaffen würden, den Altair zum Leben zu erwecken. Überglücklich beauftragte er Allen und Gates, das Programm weiterzuentwickeln. Die Zeit war knapp, denn im Oktober 1975 wollte MITS der Öffentlichkeit schon die weiterentwickelte Acht-Kilobyte-Version für den Altair vorstellen. Jetzt mußten Nägel mit Köpfen gemacht werden.

Vorher allerdings galt es, noch ein weiteres Problem zu bewältigen. Die Kontrollzettel des Aiken-Computerzentrums, in dem die Rechner der Harvard-Universität standen, brachten zutage, daß ein gewisser Bill Gates seine Rechnerzeit weit überschritten hatte. Außerdem war der Computer benutzt worden, um mit teuren Systemen des Verteidigungsministeriums zu rechnen, und Bill Gates hatte obendrein noch einem Nichtangehörigen von Harvard gestattet, mit seinem Paßwort zu arbeiten. Das war selbst für die Leitung von Harvard zu viel. Sie mahnten Gates ab, und fortan konnten die beiden das Aiken-Computerzentrum für die eigene Arbeit nicht mehr benutzen. Allen hat sich ohnehin schon entschieden, als Leiter der Software-Entwicklung von MITS nach Albuquerque zu gehen. Auch Bill Gates faßte ins Auge, in den Süden der USA zu ziehen und gegen den Widerstand seiner Eltern das Studium in Harvard abzubrechen. Zudem konnten sie in Albuquerque zusammen mit einigen Schulen einen PDP-10-Rechner benutzen. Vorerst wollte er allerdings noch zwischen Cambridge und New Mexico hin- und herpendeln.

Paul Allen zog nach Albuquerque und quartierte sich erst einmal in einem Motel direkt an der legendären und berüchtigten Route 66 ein, bis Gates im Sommer 1975 folgte. Nach Harvard sollte er nur noch für wenige Tage zurückkehren. Was nützte ihm ein Studium, wenn jetzt die Chance gekommen war, ein Vermögen zu machen und eine Entwicklung mitzugestalten, die die Welt verändern würde? Niemand konnte ihn von dieser Einschätzung abbringen, auch nicht seine Mutter, die über den Entschluß ihres Sohnes todunglücklich war.

Im August 1975 gründeten Paul und Allen die Firma Micro-Soft, die sie kurz darauf in Microsoft umbenannten. Gates übernahm 60 Prozent der Anteile und Allen 40, das Verhältnis sollte sich in den nächsten Jahren noch ein wenig zugunsten von Gates verschieben – er war einfach der bessere Verhandler.

Sie freundeten sich sehr schnell mit den Technikern von MITS an, da sie eine Seelenverwandtschaft feststellten, die Begeisterung für den Computer. Nur mit dem Besitzer Ed Roberts gab es ständig Ärger. Gates konnte ihn nicht leiden und legte sich bei jeder Gelegenheit mit ihm an. Der wiederum war auf den »Angeber« Gates nicht gut zu sprechen. Aber noch brauchten sich beide, und noch sorgte die gegenseitige Abhängigkeit für eine Art Waffenstillstand.

Ende 1975 wollte Roberts für den Altair zusätzlich ein Diskettenlaufwerk anbieten und forderte von Gates die Entwicklung einer Diskettenversion von BASIC. Gates wiederum wollte sich von Roberts nichts vorschreiben lassen und beschäftigte sich erst mit anderen Dingen. Auch Allen brachte ihn nicht dazu, sich ans Werk zu machen. Als Ende Herbst eigentlich keine Chance mehr bestand, die Version rechtzeitig fertigzustellen, schloß sich Gates mit Allen ein paar Tage in einem Zimmer ein, wo sie für niemanden mehr zu sprechen waren. Nach fünf Tagen tauchte Gates urplötzlich wieder auf und legte Roberts den Code auf den Tisch. Wieder einmal hatte er den MITS-Chef düpiert.

115

Die Einnahmen aus dem MITS-Lizenzvertrag ließen zwar zu wünschen übrig, aber immer häufiger wandten sich neue Computerfirmen mit dem Wunsch nach einem BASIC an die Microsoftler. Die Einnahmen wuchsen im Gegensatz zur rapide steigenden Arbeit nur langsam an, denn schon bald mußten sie neue Programmierer einstellen. Allen und Gates erinnerten sich an ihre Anfangszeit und rekrutierten die ersten Programmierer – wie Steve Wood, Chris Larson und Marc MacDonald – entweder aus ihrem Freundeskreis oder direkt von der Universität. Das Microsoft-Team bestand daher aus sehr jungen, absolut computerverrückten Mitarbeitern, die sich nicht um Arbeitszeit und Entlohnung kümmerten, das »Computing« stand bei allem, was geredet, getan und verhandelt wurde, im Mittelpunkt. Dieser hohe Einsatz aller Beteiligten stützte die Firma in ihren Anfangsjahren und schuf den richtigen Nährboden für den Erfolg. Einen kleinen Skandal trat Bill Gates los, als er sich in einem offenen Brief an die Hobbyprogrammierer wandte und ihnen geistigen Diebstahl vorwarf. Er fürchtete um die Einnahmen aus dem Lizenzvertrag und hatte es satt, immer wieder aufs neue kopiert zu werden.

»Die meisten der BASIC-Anwender, die das Programm auf dem Altair laufen lassen, haben das Programm nie gekauft, und wenn wir unsere Tantiemen zusammenrechnen, die wir aus den Verkäufen an Hobbyprogrammierer verdient haben, dann hätten wir gerade einen Stundenlohn von zwei Dollar für unsere Programmierarbeit an BASIC erhalten. Wie konnte es soweit kommen? Die meisten von Euch haben das Programm gestohlen. Zwar seid Ihr alle der Auffassung, für Hardware muß man zahlen, aber Software ist etwas, was man weitergeben kann. Wen von Euch interessiert schon, ob die Leute, die daran gearbeitet haben, auch jemals dafür belohnt werden.«

Die Anklage von Gates war sicherlich nicht im Sinne der

Tausende Hobbyprogrammierer. Die Computer-Clubs und ihre Mitglieder betrachteten Software als ein demokratisches Gut. Und was allen gehörte, mußte deshalb auch allen zur Verfügung gestellt werden. Dieses eine Mal noch mußte Bill Gates gegenüber Ed Roberts kuschen und sich bei den Mitgliedern der Computer-Clubs entschuldigen – für den etwas verfehlten Ton in seinem Brief, nicht aber für den Inhalt seiner Anklage. Roberts hatte Angst, durch einen schlechten Ruf in der Szene Käufer zu verlieren, und drängte Gates dazu, einen zweiten, etwas moderateren Brief zu schreiben. Gates hatte für seinen ersten Brief einen Briefkopf der Firma MITS benutzt und mußte nun tun, was Roberts von ihm verlangte. Doch das Klima zwischen den beiden verbesserte sich dadurch nicht.

Im Januar 1977 löste Gates schließlich seine Studentenbude in Cambridge auf und zog nach Albuquerque. Er wollte seine ganze Energie nur noch einem widmen: dem Aufbau von Microsoft.

Das BASIC 8080 ist in den Augen von Bill Gates seine »größte Programmierleistung, weil es so vieles nach sich zog, weil es genau in die damalige Zeit paßte und weil wir es geschafft hatten, das Programm klein zu halten. Es war genau das Programm, das wir schrieben, als wir uns zur Gründung von Microsoft entschlossen. Das hat was. Wir kannten das Quellprogramm wirklich aus dem Effeff. Nichts war uns unbekannt, und wir bekamen damals in Albuquerque die Chance, es in einem Sommer völlig neu zu schreiben. Eigentlich dachte ich nur daran, ein paar kleine Sachen zu ändern, etwas zusammenzufügen und ein paar Bytes einzusparen, aber es wurde dann doch mehr. Wenn man ein Programm so genau kennt wie wir damals BASIC, dann hat man das Gefühl, daß keiner diesen Code besser versteht und behaupten kann: ›Es gibt einen besseren Weg als diesen.‹ Dieses Gefühl ist wirklich erhebend, ähnlich wie die Tatsache, daß man jetzt rückblickend weiß, daß dieses Programm auf einer ganzen Menge von Maschinen lief. Das macht es noch spannender, es geschrieben zu haben.«

Das Neuprogrammieren von BASIC für den Personalcomputer brachte damals große Schwierigkeiten für die Programmierer mit sich. Gates verallgemeinert diese Schwierigkeiten auch heute noch ganz gern:

»Der härteste Teil beim Programmieren ist immer die Entscheidung, welche Algorithmen man wählt und wie man sie soweit wie nur irgend möglich vereinfacht. Es ist ziemlich schwierig, etwas auf den kleinsten Nenner zu bringen. Man muß zuerst versuchen, alles in Gedanken zu erfassen, zu simulieren, wie das Programm arbeiten könnte. Nur so bekommt man überhaupt erst eine Vorstellung davon, wie die Einzelteile des Programms ineinandergreifen. Die beste Software entsteht immer dann, wenn ein einzelner eine umfassende Vorstellung davon hat, wie das Programm funktioniert. Dazu muß man das Programm lieben und sich immer darauf konzentrieren, es so einfach, so simpel wie möglich zu halten, bis man einen vorher nicht für möglich gehaltenen Grad der Einfachheit erreicht.«

Auch Bill Gates hat auf diese Weise gearbeitet und sich bei BASIC einen eigenen Programmstil zugelegt: »Ich durchdenke zuerst das ganze Programm und mache mir Notizen für das grundsätzliche Design. Erst dann setze ich mich hin und beginne mit dem Codieren. Der zweite wichtige Punkt ist das Auffächern des Codes in seine verschiedenen Einzelteile. Wenn einem das nicht gelingt, man die Logik des Programmaufbaus nicht herausfinden kann, dann hat man nicht einmal in den kühnsten Träumen die Möglichkeit, überhaupt so etwas wie eine Subroutine zu schreiben. Ich habe bei allen Programmen erst einmal lange darüber nachgedacht, bevor auch nur eine Zeile stand. Es ist nicht alles perfekt ausgearbeitet, und ich ertappe mich immer wieder dabei, eine ganze Menge nachträglich zu ändern. Aber die wirklich guten Ideen, die hatte ich bereits vor dem Schreiben. Und wenn ich später auf einen Bug stoße, dann bricht fast die Welt zusammen, denn wo ein Bug existiert, hat die Simulation nicht funktioniert. Wenn allerdings nicht einmal diese Simulation stimmt, dann können da noch Tausende von Bugs auftreten. Das ist der Grund, weshalb ich es hasse, wenn ich jemanden beim Programmieren ertappe und genau spüre, er denkt in diesem Augenblick an etwas ganz anderes. Ich schrieb mein erstes BASIC-Programm für einen Microcomputer noch in der High School, es war übersät mit kapitalen Fehlern, weil ich mir vorher keine Gedanken gemacht hatte. Und so mußte ich mir erst einmal andere BASIC-Programme genauer anschauen. Und dann, 1975, als ich das Microsoft BASIC schrieb, stellte sich auch weniger die Frage, ob ich das Programm schreiben kann, als vielmehr, wie bringe ich es auf vier Kilobyte unter, so daß es auch noch schnell genug ist. Ich war richtig gierig danach, die ganze Zeit darüber nachzudenken. ›Wird es wirklich schnell genug sein? Und wird einfach irgend jemand kommen und es noch schneller machen?‹ Bei solchen Gelegenheiten erinnere ich mich dann immer an einen Programmierer namens Norton, den ich damals bei TRW kennenlernte und den ich mit meinen Fragen löcherte. Er stieß mich dann auf Fehler, zeigte mir, woran es lag, wenn etwas nicht stimmte. Und wenn ich jetzt wieder einmal husch-husch über eine Zeile gehe oder einfach zu faul bin, mir die Verkettungen zu überlegen, dann denke ich an ihn und stelle mir vor, wie er durch das Programm gehen, sich alles ansehen und zu mir sagen würde: ›Schau, hier gibt es einen besseren Lösungsweg.‹

Kleine Unzulänglichkeiten können sich zu jeder Zeit in das Programm einschleichen. Wenn man wirklich ein ganz gutes Gefühl haben will, muß man mit sich selbst einig sein, daß man es erst gar nicht so weit kommen läßt. Deshalb kann es manchmal sehr schmerzhaft sein, wenn jemand anderes an demselben Projekt arbeitet. Es fällt einem Kollegen eher auf, wenn ein Befehl oder eine Zeile überhaupt nicht hineinpaßt und überflüssig ist. Ich kann mich noch an die Zeit erinnern, als wir am BASIC herumtüftelten, da ging ich nach getaner Arbeit zurück an den Computer und warf den Code von anderen Sektionen einfach um, machte ihn neu, ohne daß ich großartige Änderungen damit erzielte, aber es machte für mich einfach mehr Sinn. So eine Handlungsweise stößt manche Menschen vor den Kopf, aber ich fühlte mich in diesem Augenblick so, daß ich es einfach tun mußte.«

Man sollte eine Beziehung zum Programm aufbauen, zumindest aber ein Verständnis für das Programm entwickeln. Denn ist keines von beiden vorhanden, kann das nur in eine Sackgasse führen.

»Oft versteht aber ein Programmierer so wenig von seinem Programm, daß seine ganze Arbeit von vornherein ineffizient bleiben muß. Sie erkennen die Verknüpfungen, auf denen ein solches Programm beruht, nicht mehr, können dadurch andere Zusammenhänge nicht mehr nachvollziehen und fügen nur neuen Code hinzu. Wenn sie dann das Programm starten und es nicht hochfährt, quittieren sie das völlig enttäuscht mit einem ›Oh, schau, auf diese Weise geht es wohl nicht‹. Das ist eine äußerst ineffektive Form, ein Programm zu handhaben, aber viele Projekte enden genau so, wie ich es eben erzählt habe.«

Wie kann man dann Programmierarbeit in einem so großen Haus wie Microsoft überhaupt noch effizient halten, fragte Susan Lammers in ihrem bei Microsoft Press 1986 erschienenen Buch *Programmers at Work*. Gates antwortete spontan:

»Ein Weg ist, sehr kleine Projektteams zu bilden, vielleicht vier oder fünf Leute, von denen einer auf jeden Fall die Fähigkeit haben muß, ein ganzes Programm mit all seinen Tücken zu überblicken. Und wenn dieser Gruppenleiter oder die Gruppenleiterin sich in irgendeiner Weise unsicher ist, dann muß er oder sie immer noch die Gelegenheit haben, auf einen noch erfahreneren Programmierer zurückgreifen zu können, um mit diesem dann das Problem zu diskutieren. Ein Teil unserer Strategie besteht darin, daß wir die Programmierer so weit bringen, das Programm bereits vorher genau zu durchdenken. Alles muß schon einmal gedacht sein, bevor sie sich hinsetzen und richtig codieren. Das Design eines Programms im Kopf zu haben ist das Nonplusultra. (...) Ein weiterer wichtiger Punkt ist die nachträgliche Betrachtung des Codes, die sogenannte ›code review‹, bei der erfahrenere Leute den Code auf Herz und Nieren prüfen, um Fehler zu entdecken und Stärken zu optimieren. Auf diese Weise erhält man aber auch die Gelegenheit, ähnliche Projekte kennenzulernen, die super gelaufen sind. Daraus kann man lernen und so das eigene Programm verbessern.«

An diesem System der Prüfungen und Kontrollen hat sich bis heute, fast zehn Jahre nach dem Interview, nichts geändert.

Obwohl sich seit den Anfängen mit BASIC die Produkt-palette von Microsoft verbreitert hat, ist BASIC immer noch ein wichtiger Baustein der Software-Schmiede in Redmond. Das neue Visual Basic 4.0, eine schnelle 32-Bit Entwicklung, ist schon auf das Erscheinen der neuen Windows-NT-Versionen und des neuen Windows 95 ausge-richtet, das bisher unter dem Tarnnamen Chicago bekannt war.

Doch zurück zum ursprünglichen BASIC: 1977 soll MITS, da die Verkaufszahlen des Altairs stagnieren, an die Firma Pertec verkauft werden. Doch MITS ist ohne das Lizenz-abkommen mit Microsoft nicht mehr viel wert. Postwen-dend entziehen die Pertec-Oberen im Zusammenspiel mit Ed Roberts Microsoft das Lizenzvergaberecht für BASIC. Auf diese Weise wollen sie sich – auf Kosten von Allen und Gates – einen Startvorteil gegenüber den Konkurren-ten auf dem aufblühenden Personalcomputer-Markt ver-schaffen. Es kommt zu einem monatelangen Rechtsstreit, der Microsoft fast in den Ruin treibt. Die so dringend benötigten Einnahmen, um den Betrieb aufrechtzuerhal-ten, bleiben aus.

Das Gerücht, die Firma Microsoft habe 1977 kurz vor dem Konkurs gestanden, hat Ende 1994 durch Steve Jobs, den Mitbegründer von Apple Computers und Leiter des Mac-intosh-Projekts, neue Nahrung erhalten.

Er, Steve Jobs, habe Microsoft mit einem 10 500-Dollar-Scheck vor dem Bankrott gerettet. 18 Jahre später zahlt Bill Gates seine Schulden zurück: Er wird mit Jobs und dessen

Firma NeXT bei der Entwicklung des API-Opensteps-Programms zusammenarbeiten.

Jobs hatte 1985 Apple Computers verlassen, nachdem ihn die Direktoren seiner Befugnisse als Geschäftsführer enthoben hatten. Drei Jahre später stellt er mit seiner neuen Firma schon wieder den ersten Computer her. Die Finanzspritze aus dem Hause Microsoft ist für NeXT zu jener Zeit dringend notwendig, da Jobs' Firma leicht angeschlagen ist. Doch Bill Gates vergißt alte Freunde in der Not nicht.

Die Finanzspritze befreite Microsoft erst einmal von den größten Sorgen. Immerhin mußte auch der Umzug in die neuen Büroräume in der Stadtmitte von Albuquerque bezahlt werden, und Microsoft war zumindest für kurze Zeit wieder liquide. Auf neue Kredite zu hoffen wäre vergebliche Liebesmühe gewesen. Bei der Gründung hatte erst die sechste Bank, bei der Gates und Allen vorsprachen, den damals 19- und 21jährigen ein Darlehen von ein paar tausend Dollar bewilligt – und das auch nur, weil Gates' Vater ein wenig nachhalf. Wer wollte schon dem jugendlichen Gates, der aussah, als hätte er gerade erst die Aufnahmeprüfung zur High School bestanden, einen Kredit bewilligen? Risikokapital hin oder her, dafür wirkte er einfach nicht seriös genug.

Microsoft rettete sich mehr schlecht als recht durch diese dürren Monate, immer aber in der Gewißheit, den Rechtsstreit zu gewinnen. Gates hatte die Schwierigkeiten schon sehr früh vorausgesehen und sich im Vertrag mit MITS zusichern lassen, daß MITS den Absatz von BASIC »nach Kräften« fördern werde. Und eben dieser Passus sollte vor dem Schiedsgericht ausschlaggebend sein: Das Verbot von Pertec, die ja die Rechtsnachfolger von MITS wurden, Lizenzen zu verkaufen, widersprach diesem Passus, und so endete im Dezember 1977 der Rechtsstreit mit einem Sieg von Microsoft.

Sofort wurden die ersten BASIC-Lizenzen an andere Computerhersteller – jetzt höchst offiziell – weitergegeben. Tandy Radio Shack, Texas Instruments, Commodore und Apple zählten zu den ersten Kunden, und auch nach Japan wurde eine Lizenz von BASIC verkauft. BASIC wurde zu einem kleinen Verkaufserfolg. Die Auftragslage entwickelte sich ganz zufriedenstellend, und auch angesehene Unternehmen wie General Electric, NCR und die Citibank zählten plötzlich zu den Kunden. Aber keiner von den Micro-Kids ruhte sich auf den anfänglichen Lorbeeren aus. Jeder Dollar wurde in die Firma gesteckt. Die letzten Wochen ließen den Umsatz in jenem Jahr noch einmal hochschnellen, eine halbe Million Dollar sollten die fünf Mitarbeiter von Microsoft einnehmen.

Das Jahr 1978 gilt nach den finanziellen Problemen als Konsolidierungsjahr. Der Personalbestand wächst auf 13 Personen an, und der Umsatz klettert zielstrebig auf die Millionengrenze zu. Nach den Schwierigkeiten mit MITS hält die Microsoftler nichts mehr in Albuquerque. Schon sehr früh hatten Allen und Gates darüber nachgedacht, wieder in heimatliche Gefilde umzuziehen. Zunächst war Gates noch dagegen, Silicon Valley winkte, doch er ließ sich von den Argumenten Allens überzeugen: Das schöne Wetter in Kalifornien untergrabe die Arbeitsmoral, die anderen Firmen würden die besten Mitarbeiter abwerben, man wäre einer unter vielen – und schließlich die Familien. Letzteres – vor allem Gates' Mutter – dürften dann für Seattle ausschlaggebend gewesen sein. Vielleicht war es aber auch nur die Aussicht, wieder Wasserski fahren zu können.

Anfang 1979 steht dem Umzug nach Bellevue, einem kleinen Ort westlich von Seattle, nichts mehr im Wege. Die Arbeit bleibt jedoch nicht liegen: Das neue BASIC für den 8086-Prozessor wird vorgestellt und die Programmiersprache Assembler Mitte des Jahres eingeführt. Ein weiterer wichtiger Auftrag kommt von Convergent Technologies, die Bill Gates mit der Entwicklung einer neuen FORTRAN-Version betrauen. Ende des Jahres haben sich Umsatz und Mitarbeiterzahl schon wieder verdoppelt. Der Aufstieg der Firma scheint schon damals nicht mehr zu stoppen zu sein.

1980 steigt Microsoft in den Handel mit Betriebssystemen und erwirbt die Rechte an UNIX. Unter dem Namen XENIX vertreibt Microsoft nun auch das erste »eigene« Betriebssystem für den Personalcomputer. Bill Gates' alter Freund Steve Ballmer kommt zu Microsoft und wird sogleich Assistent der Geschäftsleitung. Ballmer verkörpert den mehr betriebswirtschaftlichen Typ bei Microsoft, und seine Einstellung weist schon den Weg, den das Unternehmen die nächsten Jahre gehen wird. Und noch etwas geschieht in diesem Jahr: IBM, »Big Blue«, kündigt seinen Besuch an.

Paul Allen und Bill Gates hatten auf die Software gesetzt, und jetzt sollte die Software die Bedeutung bekommen, die das Öl im Industriezeitalter besaß. Sie wird zum Elixier der Computerära.

VI. Spiel, DOS und Sieg – The Big Blue

> »IBM hat es versäumt, seine Fähigkeiten auf die
> Software zu konzentrieren, auf die Vernetzung
> von Computern und auf einige andere Technolo-
> gien, auf denen die neue Form der Datenver-
> arbeitung beruht. Doch selbst bei gutem Mana-
> gement wäre die Firma IBM heute nicht mehr so
> stark wie früher.«
>
> BILL GATES 1993 IM SPIEGEL

Der Computerkrieg zwischen IBM und Microsoft ist nicht nur zum Buchthema geworden – auch Paul Carroll, Reporter des *Wall Street Journal*, hat über diesen Überlebenskampf des Elektronikriesen geschrieben. Der Computerkrieg hat sich zu einem weltweiten Flächenbrand ausgeweitet, der durch das Zauberwort von der IBM-Kompatibilität und eine strategische Fehlentscheidung der Manager von »Big Blue« entfacht wurde. Das Schlachtfeld, auf dem der Kampf der Betriebssysteme ausgetragen wird, ist hart umkämpft, und eben erst hat IBM zu zwei empfindlichen Schlägen ausgeholt: Die Bastion Nummer eins für Microsoft im Europa-Geschäft, der deutsche Markt, ist gefallen, da die Computergroßhändler von Vobis und Escom auf OS/2 Warp von IBM als Vorinstallation bei ihren Computern setzen und Anbieter wie Peacock und ComTech nachziehen. Der zweite Schlag ist noch gefährlicher, denn IBM hat im Dezember 1994 alle Pentium-Rechner, die mit Chips des Chip-Multis Intel ausgestattet sind, wegen angeblicher Rechenfehler vom Markt genommen. Dahinter steckt aber eher geschäftliches Kalkül, denn nächstes Jahr will IBM mit dem in Zusammenarbeit mit Motorola und Apple konzipierten Power-Chip die Spitzen des Marktes erklimmen, und da schadet es nicht, dem gegnerischen Bewerber um die Gunst des Käufers schon mal vorab ein schlechtes Image zu verpassen – und die Vorinstallation dieser Power-PCs wird sicher nicht Windows heißen. Die Bastion Microsoft/Intel wird mit lautem Hurra gestürmt. Doch genug des martialischen Vokabulars, auch wenn sich damit der harte Wettbewerb, mit dem um Marktanteile gekämpft wird, am besten umschreiben läßt.

Bill Gates wird die richtigen Gegenmaßnahmen ergreifen müssen. Das neue System Windows 95 darf keine bloße Ankündigung bleiben, sondern muß schleunigst auf den Markt – dem jedoch ein wenig Bewegung im Sinne des Konsumenten nicht schaden kann.

Übrigens ändern sich die Fronten auf diesem Schlachtfeld wirklich von heute auf morgen: So war IBM jahrelang mit Microsoft aufs engste verbunden, und Apple und IBM waren die erbittertsten Feinde; so marschierten IBM und Intel jahrelang miteinander an die Spitze und ließen Motorola Motorola sein; so unterstützten sich Microsoft und Apple gegenseitig bei ihrer Entwicklungsarbeit und wurden zwischenzeitlich zu erbitterten Feinden, um kurz darauf wieder ihre Zusammenarbeit anzukündigen.

Den Betrachter wundert nichts mehr, auch nicht das Angebot, das IBM Bill Gates Anfang 1993 unterbreitet haben soll: Er solle nach dem Weggang von John F. Akers die Geschicke von IBM in die Hand nehmen. Gates gab unumwunden zu, daß er sehr stolz auf dieses Ansinnen von IBM sei, Spitzenmanager von »Big Blue« zu werden. Er lehnte das Angebot allerdings mit dem Argument ab, er sei so eng mit Microsoft verbunden, daß er keinen Weg sehe, um in die Zentrale des Giganten zu wechseln.

Fest steht, daß sich die Großen des Computergeschäftes – IBM, Apple, Intel, Motorola und Microsoft sowie Lotus, Borland, DEC und Compaq – den Markt recht gut aufgeteilt haben und daß hinter mancher Kooperation immer auch ein neues Zerwürfnis steht – doch dazu später mehr. Der PC-Markt hat sich in den letzten 35 Jahren rasant entwickelt, und er verspricht auch noch in den nächsten Jahren sehr hohe Wachstumschancen.

Begonnen hat alles 1959, als der Amerikaner Robert Noyce die Grundlagen des Chipbaus entwickelte. Er sollte neun Jahre später die Firma Integrated Electronics, kurz Intel, gründen, die zu einem der Giganten in der Computerszene heranwuchs. Ein Jahr nach dieser Firmengründung kommt einem seiner Angestellten, Ted Hoff, die Idee, mehr als 2000 miniaturisierte Transistoren auf einer drei mal vier Millimeter großen Silicium-Leiterplatte zusammenzuquetschen. Der Mikrochip, das Herz der Personalcomputer, hatte somit das Licht der Welt erblickt. Es sollte aber noch weitere vier Jahre brauchen, bis der erste Mikrocomputer, eben jener besagte MITS Altair, sich anschickte, die Konsumenten zu begeistern.

Danach geht es allerdings Schlag auf Schlag. Im selben Jahr, als Bill Gates und Paul Allen BASIC schreiben und ihre Firma Microsoft gründen, basteln Steve Jobs und Stephen Wozniak in einer umgebauten Garage ihren ersten Computer zusammen. Sie nennen ihn Apple, als Erinnerung an den letzten Ferienjob von Steve Jobs, bei dem er in einer Obstplantage als Apfelpflücker gearbeitet hatte. Die Firma Shugart stellt der Öffentlichkeit fast zeitgleich ein erstes preiswertes Diskettenlaufwerk vor. Daten sind nun konvertierbar und können mit einer Diskette von einem Ort zum anderen getragen werden.

Je komfortabler der Umgang mit den neuen Personalcomputer wird, desto mehr wird der Handel damit zum harten Business: In Amerika eröffnet Ende 1975 das erste Geschäft von Computerland – die Firma wird in den folgenden Jahren zur größten Handelskette für PC-Produkte aufsteigen. Anfang 1977 kommt VisiCalc für den Apple-Computer in die Läden; das Kalkulationsprogramm verhilft dem Apple zum Siegeszug Ende der siebziger Jahre. Der Computer wird nun auch im Beruf hoffähig. Immer mehr Personalcomputer werden entwickelt, jedoch mangelt es noch an der nötigen Software, um die Möglichkeiten der Geräte auszunutzen.

1978 gelingt es Gary Kildall mit seiner Firma Digital Research, ein universelles Steuerprogramm für den Intel Prozessor 8080 zu schreiben. Er vermarktet sein Produkt, das Control Programm/Microcomputer, kurz CP/M, selbst. Nur zwei Jahre später ist CP/M zur Industrienorm geworden. Im gleichen Jahr, in dem CP/M die Software-Revolution einen großen Schritt voranbrachte, präsentiert Intel den schnelleren 16-Bit-Mikroprozessor 8086 – und ein Textverarbeitungsprogramm macht von sich reden, das zum Verkaufsschlager der achtziger Jahre werden sollte. Sein Name: Wordstar. Der Siegeszug von CP/M wird dadurch zusätzlich unterstützt.

Im Juli 1980 kündigt Seagate, ehemals Shugart Technology, ein Winchester-5,25″-Laufwerk an. Die Firma Software Plus wird gegründet und plaziert wenig später das Datenverwaltungsprogramm dBase auf dem Markt. Die große Zeit der Anwenderprogramme beginnt.

Auch bei Apple tut sich einiges. Bereits Ende der siebziger Jahre beauftragt Steve Jobs Paul Lutus, der in den Bergen von Oregon in einer Hütte haust, ein integriertes Programm zu entwerfen. »Integriert« bedeutet, Text, Daten und Graphik in einem Programm zu verarbeiten. Auch die Entwicklung der typischen Apple-Benutzeroberfläche wird in Angriff genommen, deren Symbole und Vignetten, die eine einfachere Bedienung ermöglichen sollten, zu Wahrzeichen der Apple-Computer wurden. Als neue Zielgruppen erschließen sich dadurch für Apple der gehobene Dienstleistungsbereich und sehr viele freie Berufe. Die graphische Benutzeroberfläche, wie die letzte Entwicklung später gemeinhin genannt wird, entwickelt sich schnell zum Industriestandard, der mit der Einführung der Windows-Produkte Ende der achtziger Jahre endgültig zementiert wird. Allerdings ist Apple nicht das erste Unternehmen, das sich in diese Richtung bewegt. Im Xerox-Labor existieren schon längst Symbole und Pläne, um den Zugang zum Computer zu vereinfachen.

1980 springt IBM auf den Zug zum profitträchtigen PC-Markt auf. IBM will mit einem neuen, leistungsstärkeren Prozessor auf den Markt kommen und benötigt hierfür ein neues Betriebsprogramm. Als die IBM-Manager zu Digital Research nach Pacific Grove fahren und mit einem mehrere hundert Millionen Mark schweren Auftrag winken, sagt Gary Kildall, der Digital-Research-Boß, er habe im Augenblick für die IBM-Leute keine Zeit, sie sollten später noch einmal kommen. Völlig verschnupft und verärgert erinnern sich die IBM-Bosse an die Firma Microsoft und beauftragen diese mit der Entwicklung eines Betriebssystems. So erzählt es zumindest eine Legende aus dem Silicon Valley. Eine andere besagt, daß die IBM-Vertreter mit der etwas schwierigen Frau von Kildall verhandeln mußten, weil Kildall selbst mit dem eigenen Flugzeug unterwegs war und nicht landen konnte. In einer weiteren Anekdote wird erzählt, daß Kildall gerade beim Fischen war; während die letzte Variante kolportiert, daß IBM und Digital Research sich nicht auf die Konditionen einigen konnten.

Tatsache ist, daß die IBM-Vertreter in Bellevue mit offenen Armen empfangen wurden und daß das avisierte Microsoft-Betriebssystem, zumindest was das Design betraf, zu der Zeit als einziges auf dem Markt annähernd mit dem CP/M konkurrieren konnte. Unter großem Zeitdruck mußte die Programmschmiede aus Bellevue das Programm zur Marktreife bringen, doch Bill Gates hatte wieder einmal Glück: Er konnte auf das DOS der Firma Seattle Computer zurückgreifen und es in den entscheidenden Punkten verbessern, wodurch er sehr viel Zeit sparte. Zudem sicherte er sich die Rechte an diesem Programm zu sehr günstigen Konditionen. Obwohl das MS/DOS, das »Microsoft Disc Operating System«, anfangs nur so von Bugs wimmelte, wurde Microsoft dadurch zur weltweit tonangebenden Software-Firma.

»Microsoft und IBM waren füreinander geschaffen wie Boris Becker und Wimbledon.« Mit diesen Worten zitierte die *Süddeutsche Zeitung* den amerikanischen Software-Experten Jim Kelley, und was die Anfangsjahre dieser Beziehung betrifft, hat er mit diesem Vergleich auch recht. Denkt man noch ein Stückchen weiter und erinnert sich, wie Boris Becker in den letzten Jahren in Wimbledon abgeschnitten hat, dann trifft dieser Satz auch für die Endphase im Verhältnis zwischen IBM und Microsoft zu.

Die Geschichte des märchenhaften Aufstiegs von Microsoft steht in direktem Zusammenhang mit der Kooperation mit »Big Blue«. IBM, »International Business Machine«, dessen Kerngeschäft bislang die Großrechner waren und das dort mehr oder weniger ein weltweites Monopol besaß, suchte 1980 händeringend nach einem Personalcomputer. Selbst einen Computer mit all seinen Komponenten zu bauen, trauten sich die Verantwortlichen von IBM nicht zu, dazu waren die Strukturen des Riesenbetriebes viel zu verkrustet.

Das »Project Chess«, so der Codename, sollte anders angegangen werden. Man wollte mit einer kleinen, strategischen Einheit arbeiten und die wichtigsten Komponenten zum Bau des Computers einfach von außen zukaufen. Als Basis für den Personalcomputer wählte IBM den neuen Intel-Mikroprozessor. Und da beim Betriebssystem keine Einigung mit Digital Research über die Verwendung des CP/M erzielt werden konnte, schloß IBM mit der Firma aus Bellevue den Vertrag über die Entwicklung eines Betriebssystems. Ein bißchen soll auch der Kontakt zwischen dem damaligen IBM-Chef Opel und der Gates-Mutter Mary zu dieser Entscheidung beigetragen haben. Aber sei's drum, Gates bekam den Zuschlag. Und er wußte, daß die Zeit viel zu knapp war.

Doch er und Allen hatten sich schon vor den Besuchen der Manager aus Boca Raton umgesehen und waren bei Seattle Computer fündig geworden. Sie hatten ein bereits bestehendes Betriebssystem namens Disk Operating System – DOS – in petto. Tim Patterson von Seattle Computer hatte Gates schon lange vorher sein 86er-DOS gezeigt. Als Gates ihn darauf erneut anspricht und ihn fragt, ob es möglich sei, eine Lizenz für einen Kunden zu bekommen, sagt Tim Patterson, ohne zu wissen, um welchen Kunden es sich handelt, zu. Sein DOS wird bei Microsoft weiterentwickelt, und dafür soll Seattle Computer an den Lizenzeinnahmen beteiligt werden. So zumindest lautet die erste Abmachung zwischen den beiden. Allen verhandelt mit Seattle Computer nach und erwirbt für rund 50 000 Dollar die Gesamtrechte an DOS. Ein Schnäppchen erster Güte, das sowohl Allen als auch Gates zu Milliardären machen sollte. Vergessen darf man jedoch nicht, daß die Microsoft-Programmierer noch sehr viel Arbeit mit dem vorliegenden DOS hatten, um es direkt für die Wünsche der IBM-Techniker zurechtzuschneidern.

Als Bill Gates später einmal zu seinem Verhältnis zu Tim Patterson befragt wurde, antwortete er sehr direkt: »Tim Patterson ist der Schöpfer von DOS. Er hat unglaublich wertvolle Arbeit geleistet und damit Millionen Dollar verdient. Aber das Grundkonzept, mit Hilfe einer einzigen Software Hunderte von Herstellern zu verklammern und nicht als Computerfirma, sondern als Programmanbieter einen gemeinsamen Standard für alle Rechner der verschiedenen Hersteller zu setzen, dieses Konzept ist ganz klar eine Microsoft-Idee.« Daher sei es auch ganz legitim, daß Microsoft sich die Entwicklung dieses Betriebssystems auf die eigenen Fahnen schreibe.

Zudem kann man das Verhandlungsgeschick, mit dem Allen und Gates vorgingen, gar nicht hoch genug bewerten – auf diese Weise werden Geschäfte gemacht, denn nicht immer ist es die beste Idee, die Erfolg hat, oft sind es die Durchsetzungsmethoden und -strategien, die den Ideen erst ihren Wert verleihen.

Auch IBM gegenüber zeigte Gates ungeheures Verhandlungsgeschick. Er behielt die Rechte an MS-DOS und verdiente damit Milliarden. Es war der richtige Riecher der beiden Gründer, der der Firma Microsoft seit ihrem Bestehen immer wieder den erfolgreichen Weg wies.

Doch zurück in die frühen achtziger Jahre: Im August 1980 wurde der Beratervertrag zwischen Microsoft und IBM unterzeichnet. Und schon im Herbst bekam Microsoft den Auftrag für die Programmierung von BASIC, FORTRAN und COBOL sowie Pascal für den geplanten Mikrocomputer. Die Firma erwirtschaftete jetzt bereits mit nur 40 Mitarbeitern einen Jahresumsatz von acht Millionen Mark.

Schon im Februar 1981 läuft zum ersten Mal eine MS-DOS-Version auf einem IBM-Computer. Und wieder hat Bill Gates das richtige Gespür für ein neues Marktsegment. Bevor die anderen daran denken, sich auf den Konsumentenmarkt einzustellen, richtet er mit Microsoft ein landesweites Vertriebsnetz ein. Der Aufstieg ist nicht mehr zu bremsen. All das erfordert auch eine Neuordnung der Geschäfte. Bill Gates muß die Gesellschaftsform von Microsoft an die Höhe der Umsatzzahlen angleichen: Die reine Personengesellschaft Microsoft, die bislang zu 64 und 36 Prozent Gates und Allen gehörte, wird in eine personenbezogene Kapitalgesellschaft umgewandelt. Fortan können auch die Mitarbeiter Gesellschafteranteile erwerben. Bill Gates bindet auf diese Weise auch externes

Kapital in die Firma ein. Gesünder kann ein Unternehmen nicht wachsen und aufgebaut werden.

Mitte 1981 wird der IBM-PC offiziell angekündigt, und mit ihm kommt die erste Version des DOS, die Version 1.0, auf den Markt.

Endlich hat die Geheimhaltung, unter der das »Project Chess« ablief, ein Ende. Bill Gates mußte IBM schriftlich zusichern, daß niemand auch nur den Hauch einer Information über die Aktivitäten von IBM erhalten würde. Der geringste Verdacht, Microsoft könne eine undichte Stelle in diesem Geheimhaltungsplan darstellen, hätte das ganze Projekt in Frage gestellt. Im Büro in Bellevue mußte deshalb sogar ein eigener Raum eingerichtet werden, in dem die Pilotgeräte von IBM standen, an denen die Programmierer arbeiten mußten. Der Hochsicherheitstrakt hatte rund um die Uhr abgesperrt zu sein. Das wiederum provozierte einen sehr »hitzigen« Nebeneffekt. Waren die Türen in dem fensterlosen Raum geschlossen, stieg in kürzester Zeit die Temperatur auf über 30 Grad an. Das hatte zur Folge, daß erstens die Programmierer kaum die richtige Motivation zum Arbeiten fanden und es zweitens zu zahlreichen Systemabstürzen kam. Die Nerven aller waren zum Zerreißen gespannt. Um den Hitzestau zu umgehen, ließen die Programmierer eigentlich fast immer die Türe offenstehen, und auch die anderen am Projekt beteiligten Mitarbeiter nahmen es mit den Sicherheitsvorschriften nicht allzu genau.

Schon seit jeher arbeitet Microsoft mit offenen Strukturen, jeder konnte zu jedem gehen, kein Computer war mit aufwendigen Paßwörtern geschützt. Die Sicherheitsmaßnahmen, die IBM verlangte, nahm auch keiner so richtig ernst. Jedoch kamen immer mal wieder Leute aus Boca Raton unangekündigt vorbei, auch um die Sicherheitsvorkehrungen zu checken. Tauchten die Männer von »Big Blue« am Empfang auf, wurden sie dort von der Sekretärin so lange mit fadenscheinigen Erklärungen und Höflichkeiten festgehalten, bis der Ruf »die Blauen kommen« wirklich jeden alarmiert hatte und alles verschwunden war, was auf den IBM-Computer beziehungsweise auf eine laxe Handhabung der »Security Advices« hindeutete.

Kurz vor der Deadline des Projektes brach bei Bill Gates und den anderen Panik aus. Ein Fachmagazin veröffentlichte vorab Daten über einen angeblichen IBM-Computer, die der Wahrheit sehr nahe kamen und deren Quelle eigentlich nur in Bellevue liegen konnte. Zum Glück war das Projekt schon so weit gediehen, daß die IBM-Verantwortlichen kein großes Aufhebens machten.

Der IBM-Computer wurde kurz darauf einer interessierten Öffentlichkeit siegesgewiß vorgestellt. Und die Konkurrenz hatte kräftig am Engagement von IBM zu schlucken, auch wenn sie sich wie der Apple-Chef Steve Jobs sehr gelassen gab. Die großformatige Anzeige mit der Überschrift »Willkommen IBM«, mit der er »Big Blue« als Neuling auf dem PC-Markt hohnlächelnd begrüßen wollte, mutete dann doch an wie das laute Rufen eines Mannes im Walde, der seine Angst besiegen will.

Die Angst war auch nicht ganz unbegründet, denn der IBM-Computer wurde nicht nur zum Milliardengeschäft, sondern auch zum Industriestandard. Apple hat es jedoch verstanden, sich als einziger Hersteller von diesem Industriestandard nicht vereinnahmen zu lassen, und kämpft bis heute erfolgreich mit einem extrem benutzerfreundlichen Konzept und Betriebssystem gegen diesen Einheitstrend. Steve Jobs hatte aber auch schon früh die Weichen gestellt: Fast zeitgleich mit dem Erscheinen des IBM-Computers wurde bei Apple das »Project Macintosh« in Angriff genommen; sehr interessant ist in diesem Zusammenhang, daß Bill Gates zusammen mit Apple das Software-Entwicklungsprojekt für den »Mac« startete. Er wußte anscheinend noch nicht genau, auf welchen Zug er aufspringen sollte, und fuhr, solange es ging, zweigleisig. Eine Taktik, die Microsoft bis heute noch verfolgt, jeder Schritt nach vorn wird nach hinten so gut wie möglich abgedeckt.

Die anderen Hersteller mußten sich dem Diktat von IBM nach und nach beugen. Daß sie sich damit in den achtziger Jahren zugleich auch von Bill Gates und Microsoft abhängig machten, konnte man zu Beginn der IBM-Standard-Epoche noch nicht absehen.

Für Microsoft bedeutete die Zusammenarbeit mit IBM neben dem Prestigegewinn einen weiteren erfreulichen Anstieg der Umsatzzahlen: Während sich die Mitarbeiterzahl verdreifachte, wurde der Umsatz verdoppelt, und auch unter dem Strich schrieb Microsoft schwarze Zahlen.

Sich nicht auf den Lorbeeren auszuruhen, gehört ebenfalls zu den Microsoft-Maximen. Und so bemühte sich Gates in den nächsten Jahren darum, die passenden MS-DOS-Programme auf den Markt zu werfen. Das allererste Programm war das FORTRAN für DOS, sukzessive folgte weitere Anwender-Software, die unter dem MS-DOS-Betriebssystem lief. Mit der Gründung der Tochtergesellschaft in Großbritannien glückte Microsoft dann auch noch der Sprung über den großen Teich. Microsoft hatte auf diese Weise alles getan, um zu einer Weltfirma zu werden. Durch den Kontakt zu dem Japaner Kazuhiko Nishi konnte Microsoft auch noch den so wichtigen Markt in Japan bedienen. Der extrovertierte Nishi blieb bis 1986 bei Microsoft.

KLONE

Die Entwicklung auf dem PC-Markt überschlägt sich. Das
IBM-Produkt setzt sich durch, und IBM wird zum Führer
auf dem PC-Markt. Doch IBM soll nicht allzulange allein
bleiben, das Konzept aus Boca Raton wird gnadenlos kopiert. Schon im Juni 1982 bringt Columbia Data Products
einen ersten Klon heraus, und Ende des Jahres kündigt
auch Compaq seinen ersten IBM-kompatiblen Computer
an. Der Compaq wird zum absoluten Renner und bricht
alle Umsatzrekorde. 1983 wird der Personalcomputer
vom Magazin *Time* als »Maschine des Jahres« bezeichnet.
Compaq beginnt als erste Firma erfolgreich damit, einen
Computer mit denselben Innereien wie IBM anzubieten,
und schnellt mit einem Satz in die Top Five der Computerhersteller.
Die Klone der IBM-Computer beseitigten schon Mitte der
achtziger Jahre die Marktführerschaft von »Big Blue«. Die
billigen Nachbauten ließen den übergroßen Marktanteil
von IBM auf etwa 20 Prozent zusammenschrumpfen.
Doch in der IBM-Zentrale war man Umsatzzahlen gewohnt, die nur Erfolg verkündeten. Plötzlich aber verdiente der Elektronik-Riese an seinen Personalcomputern
kaum noch Geld. Eine Situation, mit der sich die IBM-Manager bis heute noch nicht angefreundet und zu der sie
noch immer kein richtiges Konzept gefunden haben, um
sich aus dieser Entwicklung zu befreien.
Die Klone hatten aber noch einen für Microsoft positiven
Effekt, der sich zudem nachhaltig auf die Weiterentwicklung des Computers auswirkte: Die Hersteller der IBM-

kompatiblen Geräte setzten sich gegenseitig so unter Druck, daß das Preisdiktat von IBM schnell zerbrach. Der Kampf führte zu einem so schnellen Preisverfall, daß man den Dumping-Gewohnheiten nur mit einem neuen Gerät, mit einem neuen technischen Anforderungsprofil für kurze Zeit entfliehen konnte. Mit anderen Worten: Die Entwicklung des PC-Markts nahm immer schwindelerregendere Ausmaße an.

Das konnte Microsoft nur recht sein. Bill Gates hatte mit den Oberen von IBM einen sehr raffinierten Lizenzvertrag ausgehandelt, der angesichts der niedrigen Garantiezahlungen, die »Big Blue« nach Seattle überweisen mußte, sehr schnell unterschrieben wurde. Die Manager aus Boca Raton hatten jedoch den Trend des Computermarkts völlig falsch eingeschätzt. Mit den Nachbauten und der IBM-Kompatibilität hatte keiner der Herren gerechnet. Durch den freien Lizenzvertrag erhielt Gates aber nun die Möglichkeit, jedem Konkurrenten von IBM, der auf dem Markt auftauchte, eine neue Lizenz für das MS-DOS in die Hand zu drücken – und verdiente damit phantastisch. Um IBM-kompatibel zu werden, mußten sich die Computerfirmen den neuen Software-Standard sichern, und der hieß nun einmal MS-DOS.

Anfang 1983 besitzen schon über 50 PC-Hersteller eine Lizenz von Microsoft, was für Bill Gates einen Umsatz von weit über 30 Millionen Dollar bedeutet. Andere Software-Firmen hängen sich an den Erfolg von Microsoft an und offerieren ihre Anwenderprogramme ebenfalls unter MS-DOS. Obwohl IBM zwischenzeitlich auch eine CP/M-86-Version von Digital Research anbietet, kommt niemand mehr gegen MS-DOS an.

Das aber bedeutete ein neues Diktat. Diesmal bürdete Bill Gates es der Computerbranche auf. Er präsentierte knallharte und völlig überzogene Lizenzverträge, die von den meisten Herstellern unterschrieben wurden. Wenn sie am

Geschäft teilhaben wollten, mußten sie diese Kröte schlucken. Was schlecht für die Hardware-Hersteller war, ließ Microsoft erblühen. Jedes Jahr konnten die Buchhalter in Bellevue ein neues Hoch verkünden, von Jahr zu Jahr verdoppelte sich der Umsatz. Erst zu Beginn der neunziger Jahre sollten sich diese Wachstumsschritte etwas verkleinern – wobei man aber anmerken muß, daß auch eine 20prozentige Umsatzsteigerung durchaus nicht von schlechten Eltern ist.

»Die große Zahl von Personalcomputern, die sich auf einen einzigen binären Standard stützen, fördert das explosive Wachstum im Software-Bereich. Wenn nur jeweils ein Anwender von 100 ein Software-Paket im Wert von 100 Dollar kauft, bedeutet das einen Umsatz von 20 Millionen Dollar. So kann es sich sogar lohnen, Programme für ausgesprochene Spezialanwendungen zu entwickeln. Ein typisches Software-Paket kostet den Anwender nur ein Zehntausendstel der tatsächlichen Entwicklungskosten; in manchen Bereichen wie zum Beispiel bei Betriebssystemen beträgt der Faktor sogar 200 000 oder mehr. Mit drei bis 30 Dollar fallen die Nebenkosten für die mitgelieferten Disketten und Handbücher bei den meisten Programmen dagegen kaum ins Gewicht«, beschrieb Gates 1989 in *Spektrum der Wissenschaft* die Ursachen für das ungeheure Wachstum der Software-Branche.

Anfang 1983 wird das Microsoft-Tabellenkalkulationsprogramm Multiplan von der Zeitschrift *InfoWorld* zur »Software des Jahres« gekürt. Zwar verkauft sich Multiplan ganz gut, aber der eigentliche Renner bei den Tabellenkalkulationen gelingt der Konkurrenz: Lotus veröffentlicht Lotus 1-2-3 und wird damit vorübergehend zur Nummer eins bei den Anwenderprogrammen. Allerdings kommt aufgrund der Marktbeherrschung von MS-DOS bei den Betriebssystemen niemand mehr an Microsoft vorbei. Das Unternehmen expandiert ständig, neben der Europa-Zen-

trale in England wird auch in Deutschland eine Tochter-
firma gegründet. Sie wird in den folgenden Jahren eine
der umsatzstärksten Tochtergesellschaften von Bill Gates'
Unternehmen und in nur wenigen Jahren die zentrale Rolle im Auslandsgeschäft von Microsoft übernehmen.

In der Führungsspitze von Microsoft kommt es jedoch zu
der einschneidendsten Veränderung. Auf einer Geschäfts-
reise nach Europa ertastet Paul Allen einen Knoten unter
seiner Haut. Als er einen Arzt konsultiert, eröffnet der
ihm, daß er an der sehr heimtückischen Hodgkinschen
Krankheit leidet. Allen verläßt Microsoft, er will sich wieder mehr auf sich selbst konzentrieren. Sicherlich spielen
auch noch persönliche Gründe mit: Er will dem Anforde-
rungsdruck, der auf einmal bei Microsoft herrscht, entgehen, und setzt sich erst einmal für zwei Jahre zur Ruhe.
Danach gründet er die Software-Firma Asymetrix. Mehrere wichtige Mitarbeiter von Microsoft folgen ihm, darunter auch Steve Wood und die langjährige Sekretärin von
Bill Gates, Miriam Lubow.

Miriam Lubow ist selbst zu einer kleinen Sagengestalt bei
Microsoft geworden. Nachdem sie an ihrem ersten Arbeitstag bei Microsoft den Chef nicht erkannt und sich bei einem
anderen Mitarbeiter nach dem kleinen Jungen erkundigt
hatte, der dort im Büro des Chefs sitze, entwickelte sie für
den jugendlichen Microsoft-Inhaber schnell eine sehr müt-
terliche Ader. Sie kontrollierte seinen Terminkalender und
seine Eßgewohnheiten, sie kümmerte sich um sein Äußeres,
wenn unerwartet Besuch kam, und legte ihm bei Geschäfts-
flügen um eine Viertelstunde gefälschte Abflugzeiten vor,
um ihn von der Raserei zum Flughafen abzuhalten. Dank
ihrer Fürsorge konnte er sich ganz auf seine Geschäfte konzentrieren. Miriam Lubow zog sogar nach Seattle, doch den
letzten Sprung, die Wandlung von Microsoft zu einer Weltfirma, machte sie dann nicht mehr mit. Es war ihr im Umfeld von Bill Gates zu stressig geworden.

Im März 1983 wird der erste XT von IBM angekündigt, ein mit einem 286er Prozessor ausgestatter Personalcomputer, der bereits eine Zehn-Megabyte-Festplatte besitzt. Microsoft zieht mit der Version 2.0 von MS-DOS nach. Bill Gates kann in diesem Jahr aber auf weitere positive Entwicklungen blicken: Das Textsystem MS-Word, aber auch eine neue Kalkulations-Software und verschiedene Compiler, die die Computerhochsprachen für Mikroprozessoren übersetzen, werden zu wichtigen Bausteinen in der Produktpalette von Microsoft. Die Firma floriert, und nach dem Umzug von Albuquerque nach Bellevue bei Seattle zieht das Unternehmen noch einmal um: nach Redmond, einem Vorort von Seattle.

Auch das Betriebssystem XENIX wird mit der Version 3.0 weiterentwickelt und zu einer Mehrplatzversion ausgebaut. Im November 1983 kündigt Microsoft schließlich Windows an. Es ist eine graphische Benutzeroberfläche für MS-DOS. Die Politik der Allianzen funktioniert auch dieses Mal wieder: Über 20 Personalcomputerhersteller unterstützen Windows – nur einer fehlt, IBM. Der Umsatz ist bis Ende des Jahres auf über 70 Millionen Mark angewachsen, und die Schraube dreht sich immer weiter.

1984 bietet Microsoft für den neuen Computer von Apple, den Macintosh, Multiplan und BASIC an – auch dieser Fortschritt wird nicht verschlafen. Nicht vergessen darf man auch ein anderes Programmsegment bei Microsoft: Simulierte Paul Allen bei MITS noch den Mondanflug auf BASIC, so ebnete Bill Gates mit der Entscheidung, den »Microsoft Flight Simulator« zu vertreiben, den Weg zur Konsumentenebene. Es sollte zugleich der Anfang für Entwicklungen im späteren CD-ROM-Markt werden. Bill Gates hat mit diesem Programm und mit dem Motto »Fun and Bits« die Bedürfnisse einer neuen Zielgruppe anvisiert und voll ins Schwarze getroffen. Der Flugsimulator

stürmt 1984 innerhalb weniger Wochen die US-Bestseller-
listen für Computer-Software.

Das Hauptaugenmerk von Microsoft liegt jedoch auf der
Weiterentwicklung von DOS. Zu viele Bugs hatten in der
Vergangenheit Probleme bereitet, und der Ruf der Microsoft-Programmierer litt ein wenig unter diesen Unzulänglichkeiten. Doch dem Erfolg tut dies keinen Abbruch: Zum
ersten Mal übernimmt Microsoft im Juni 1984 den Platz
Nummer eins in der Rangliste der Software-Häuser. Mit
über 100 Millionen Dollar ist es das weltweit umsatzstärk-
ste Unternehmen der Branche. Die Zahl der Personalcomputerhersteller, die eine MS-DOS-Lizenz beantragt haben,
ist auf über 200 gestiegen.

Auch die Entwicklung auf dem PC-Markt bleibt stür-
misch: IBM bringt den AT mit einer 20-Megabyte-Fest-
platte, und wieder zieht Bill Gates mit einer überarbeiteten Version von MS-DOS nach, der Version 3.0 – übrigens
die sechste überarbeitete Version innerhalb von drei Jahren. Zudem wird DOS in der Version 3.1 nun auch netz-
werkfähig gemacht.

Allerdings läßt das vollmundig angekündigte neue Windows auf sich warten – wie es scheint, eine weitere Strategie von Bill Gates: Schon lange bevor ein Produkt Marktreife erlangt, wird die Gerüchteküche ständig mit neuen
Informationen gespeist. Und nachdem man erst einmal
heftig dementiert hat, trommelt die Marketingabteilung
dann desto lauter. Durch das Geschrei will man in diesem
mittlerweile sehr kurzlebigen Geschäft die Konkurrenz
nervös machen, bevor überhaupt daran gedacht wird, das
jeweilige Programm über den Ladentisch zu schieben.
Und bislang funktionierte diese – wenn auch manchmal
ungewollte – Taktik recht gut. Windows war 1984, obwohl
noch nicht auf dem Markt, schon in aller Munde, und Digital Research tat sich mit dem Konkurrenzprodukt, der
textorientierten Fensterumgebung GEM, sehr schwer.

Selbst IBM kam mit der selbstentwickelten Fensterumgebung Top View kaum voran.

Bill Gates kann die Konkurrenz nur mitleidig belächeln und konzentriert sich wieder auf andere Programmsegmente. Eine neue Version von Word, die Weiterentwicklung 2.0, kommt auf den Markt und enthält als besonderen Gag ein Rechtschreibprogramm. Das Word 2.0 setzt sich nun auch bei den Verbrauchern durch, ähnlich wie später das neue Tabellenkalkulationsprogramm Excel.

1986 wird zu einem entscheidenden Jahr in der Geschichte von Microsoft. Wieder müssen die geschäftlichen Gegebenheiten an das Wachstum der Umsatzzahlen angeglichen werden. Eine neue Entscheidung für Bill Gates steht ins Haus: Soll er den Gang an die Börse wagen? Er macht den Schritt, zeichnet die Aktien und hat damit einen durchschlagenden Erfolg. Kaum sind die Aktien erhältlich, schnellt der festgesetzte Kurs nach oben, Bill Gates ist praktisch über Nacht zum jüngsten Milliardär der Vereinigten Staaten von Amerika geworden.

Schon ein Jahr zuvor hat Microsoft mit IBM wieder einen Vertrag geschlossen. Die beiden Unternehmen wollen zusammen ein Betriebssystem entwickeln – unter dem Namen OS/2. Es soll ein sogenanntes Multitasking-Betriebssystem werden, das dem Benutzer die Möglichkeit eröffnet, mehrere Aufgaben gleichzeitig zu bearbeiten. Den Grund für das neue System liefert die neue Generation der IBM-Personalcomputer, Personal System/2 oder PS/2 genannt. Deren technische Möglichkeiten soll die neue Software besser ausnutzen.

Erst zwei Jahre später wird die erneute Liaison von IBM und Microsoft auch offiziell bekanntgegeben. Die erste Version der graphischen Benutzeroberfläche Windows hingegen ist in den Startlöchern steckengeblieben. Die Kritik der Fachpresse war vernichtend: Windows verbrauche zuviel Speicherplatz, sei zu langsam und habe viel zu viele Fehler. Kaum ein Käufer entschied sich für das Programm und wollte es auf dem eigenen Computer installieren.

Aber wieder fährt Bill Gates zweigleisig: Einerseits entwickelt er mit IBM das OS/2, andererseits spornt er sein Team an, Windows ständig zu verbessern. Im November 1987 können die Marketing-Strategen von Redmond bereits für die Version 2.0 von Windows werben. Viele der Bugs sind beseitigt, und auch der Programmaufbau gestaltet sich nicht mehr ganz so umständlich. Der Erfolg läßt nicht lange auf sich warten, die Szene gerät in Bewegung: Bis Ende des Jahres sind bereits eine Million Exemplare von Windows verkauft.

OS/2

IBM war durch die gegenläufige Entwicklung auf dem Computermarkt in ernste Schwierigkeiten geraten. Der Verdienst aus der Sparte »Personalcomputer« ließ arg zu wünschen übrig, der Marktanteil war durch die Nachbauten auf unter ein Fünftel abgesunken. Das große Geld machten andere. Die üppig kalkulierten Gewinne existierten nur noch auf dem Papier. Jetzt setzte man alle Hoffnung auf den als Nachfolger der Personalcomputer deklarierten PS/2. Mit ihm sollte alles anders werden. Und man griff kräftig in die Tasten der Unternehmenskommunikation: Den Händlern wurde das Geschäft der Zukunft in die Hand versprochen, und auch alle anderen, die an diesem Projekt beteiligt waren, stießen in dasselbe Horn. Selbst Bill Gates ließ sich vor den Karren spannen und äußerte sich öffentlich sehr positiv über OS/2 – vielleicht witterte er tatsächlich das große Geschäft: »Ende 1989 wird OS/2 das Feld beherrschen.«

Doch dieses Ziel blieb reines Wunschdenken. Es gab immense Schwierigkeiten, die Microsoft- und die IBM-Entwickler harmonierten nicht miteinander, und immer wieder tauchten Probleme auf, die einfach nicht in den Griff zu bekommen waren. Erst neun Monate nach der Vorstellung des Computers war OS/2 marktreif und überhaupt lieferbar. Und nicht nur in der Politik scheint es so zu sein, daß denjenigen, der zu spät kommt, die Geschichte bestraft: 1988 wurde nur für zwei Prozent der verkauften Rechner das Betriebssystem OS/2 geordert. Einer der Gründe: der immense Speicherplatz, den OS/2 für sich beanspruchte.

Das MS-DOS hingegen blieb unverwüstlich, es ließ sich auch von OS/2 nicht aus seiner beherrschenden Marktstellung verdrängen. OS/2 konnte ihm in der Gunst der Käufer nicht das Wasser reichen, obwohl es technisch schon damals ausgereift war. Ein Karikaturist einer angesehenen Computerzeitschrift stellte einmal einen treffenden Vergleich zwischen OS/2 und den Microsoft-Produkten DOS und Windows auf. Er zeichnete OS/2 als ein riesiges Bürogebäude, das solide und neu gebaut, äußerlich nicht das schönste, aber auch so groß war, daß man sich darin verlief, und er karikierte DOS/Windows als angejahrtes Einfamilienhaus, an das der Besitzer immer wieder die neuesten architektonischen Errungenschaften angebaut hatte, so daß das Haus den Anschein erweckte, jederzeit in sich zusammenstürzen zu können, was es jedoch nicht tat.

Microsoft konzentriert sich aufgrund der Schwierigkeiten bei der OS/2-Entwicklung wieder stärker auf Windows. Mit den Worten »Das ist das Beste, was wir haben«, läßt Bill Gates die neue Version 4.0 von DOS ankündigen, und auch zwei weitere Windows-Versionen erscheinen im selben Jahr wie die PC-Version von Excel.

Bei Beginn der Zusammenarbeit mit IBM an OS/2 hatte Bill Gates noch getönt, daß sie damit »das Feld beherrschen« würden, doch seit sich Microsoft zu Beginn der neunziger Jahre klammheimlich aus der gemeinsamen Arbeit verabschiedet hatte und nur noch auf Windows setzte, wurde das Klima zwischen den beiden Kontrahenten rauher.

Seit 1992 tobt eine Marketingschlacht, in der es um die Vorherrschaft auf dem Markt der Betriebssysteme für den Personalcomputer geht. Der Elektronikgigant will mit aller Macht sein neues Betriebssystem gegen Microsoft durchsetzen und auf diese Weise den von Microsoft geschaffenen Standard Windows und MS-DOS brechen. Die

Marketingoffensive ist mehrere 100 Millionen Dollar schwer, und selbst die über 300 000 eigenen Mitarbeiter müssen sich in das Marketingkonzept von IBM einbringen. Sie werden direkt von der Konzernspitze dazu angehalten, in ihrem Bekanntenkreis und darüber hinaus aktiv für das OS/2 zu werben.

Doch der Kampf von IBM gegen DOS und Windows erinnerte anfangs noch mehr an Don Quichote, der sinnlos seine Lanze gegen die Windmühlenflügel richtete. Zu groß erscheint die Marktdominanz der Microsoft-Produkte. Weltweit sollen bereits mehr als 80 Millionen Personalcomputer unter dem »Disc Operating System« laufen. Und was Marktstrategen herausgefunden haben, läßt die Aktivitäten von IBM auch nicht in einem besseren Licht erscheinen: Der Computerbesitzer zeichnet sich durch eine große Markentreue aus, er wechselt nur ungern das Programm, das er zusammen mit dem Computer bekommen hat.

Schon vor dem Führungswechsel 1993 hat IBM die Schlacht anscheinend verloren. Alle Anzeichen sprechen zumindest dafür: Tausende von Mitarbeitern wurden weltweit entlassen, der Umsatz stagniert in mehreren aufeinanderfolgenden Jahren, OS/2 kann sich bislang nicht durchsetzen, die Gewinne sinken von Quartal zu Quartal. John Akers versprach Anfang 1990 vollmundig, er wolle im Jahr 1994 eine 180-Milliarden-Dollar-Company übergeben, und damit werde IBM reicher sein als Australien und Neuseeland zusammen.

Doch schon 1993 mußte Akers aufgeben. Der neue Chef bei IBM, Lou Gerstner, ein reiner Marketingstratege, der bislang wenig mit dem Computermarkt zu tun hatte, steht vor großen Problemen. Er erkennt aber die Gründe für die IBM-Probleme und ist dabei, sie auszumerzen: die Unbeweglichkeit, die dem Konzern immer wieder zu schaffen macht, den hochnäsig genossenen Erfolg bei den Großrechnern, die verpaßten intelligenten Lösungen im Personalcomputer-Bereich und den unerschütterlichen Glauben an die Unverwundbarkeit von »Big Blue«.

Der Siegeszug der Personalcomputer hat aber die tatsächlichen Marktgegebenheiten verändert, die Produktzyklen sind bis auf ein halbes Jahr zusammengeschrumpft. Die Neuorganisation des Riesen IBM wird sich schwierig gestalten, aber immerhin ist es Gerstner innerhalb eines Jahres gelungen, die Entwicklung des Power-PCs voranzutreiben und eine sehr schlagkräftige Phalanx von Computergroßhändlern gegen die Lizenzgepflogenheiten und die Marktdominanz von Microsoft aufzubieten. IBM hatte die Entwicklung auf dem Computermarkt einfach verschlafen. »Big Blue« fühlte sich zu sicher und bemerkte nicht, wie sich jeder anschickte, IBM vom hohen Roß zu holen.

1964 war IBM mit dem Computersystem /360 gestartet, das zum Renner wurde. IBM setzte damit einen Standard, der lange Jahre galt und eine sichere Einnahmequelle für den Konzern darstellte. Die Kunden gerieten schnell in Abhängigkeit von der IBM-Produktlinie, da die Rechner untereinander zwar kompatibel waren, mit anderen Rechnern aber nicht harmonierten. Da die Rechner hohe Investitionen der Anwender erforderten, war auch kaum einer bereit, das Pferd zu wechseln, und die meisten Kunden blieben bei IBM. Immerhin garantierte ihnen IBM dafür ein Höchstmaß an Kontinuität. Der Markt gehorchte. Doch die Großrechner verloren zunehmend an Bedeutung, die Lösungen im Personalcomputer-Bereich machten den teuren Rechenanlagen von IBM zu schaffen. Aber da man anfangs auf dem Personalcomputer-Markt mit zusammengekauften Komponenten ebenfalls einen großen Erfolg verbuchte, schien es keinen Handlungsbedarf zu geben. Entwicklungen wie die Workstation-Technik wurden einfach nicht verfolgt, und die Anbieter der IBM-Nachbauten brachen schon bald die IBM-Dominanz bei den Personalcomputern. Der Personalcomputer wandelte sich binnen weniger Jahre von der größten Einnahmequelle zur größten Verlustquelle des Konzerns. IBM hatte die Gefahr, die von den Klonen drohte, unterschätzt und die Gesetze des freien Marktes nicht anerkennen wollen. Die Quittung war herb und um so deutlicher.

Auf die Frage in einem Interview des *Spiegel*, wie er den Niedergang des Computerriesen IBM sehe, antwortete Gates ohne Häme:

»Versuchen Sie es mal so zu sehen: In jeder Industrie gibt es Angebot und Nachfrage, und wenn im Prinzip alle zwei Jahre zum selben Preis das Doppelte zu haben ist, dann ist das ein ungemein hartes Geschäft. IBM hätte sich besser anpassen müssen. Das Rad dreht sich immer schneller. Aber glücklicherweise hängt die Nachfrage auch davon ab, ob wir immer wieder mit neuen Produkten aufwarten können, die der Kunde gerade kaufen will. Wir haben den Computer, der vorher als Rechenzentrum monolithisch in der Arbeitslandschaft stand, in ein persönliches Werkzeug verwandelt, auf dem sich Texte verarbeiten und Balkendiagramme zeichnen lassen. Ein Großteil der Schreibarbeiten wird heute am PC erledigt, auch Illustrationen und rechnergesteuerte Filme können Sie damit herstellen. IBM hat sich an diesem Prozeß nicht so aktiv wie möglich beteiligt. Wir erleben jetzt, wie überall kleine, schnelle Rechner – also etwa vernetzte Personalcomputer und Arbeitsplatzcomputer, die Workstations – die traditionellen Großcomputer ablösen. In der Computerindustrie wird kein Unternehmen jemals wieder eine derart dominante Position erreichen, wie sie IBM einmal hatte.«

Jedoch sollte man IBM zu keiner Zeit abschreiben, denn »Big Blue« ist für das ganze System der Computerindustrie ungemein wichtig. Bill Gates:

»IBM zu helfen bedeutet, der Branche zu helfen – es nützt niemandem, wenn IBM wankt.«

VII. Neue Perspektiven durch Windows

»Die breite Marktakzeptanz von Microsoft Windows war für dieses Ergebnis ausschlaggebend. Mit einer weltweit installierten Basis von über 60 Millionen, davon in Deutschland rund zehn Millionen, hat sich Windows als der Betriebssystem-Standard etabliert. Allein im letzten Geschäftsjahr konnten die Windows-Installationen verdoppelt werden. Derzeit gibt es weit mehr als 6000 verfügbare Windows-Applikationen weltweit.«

ORIGINALTEXT DER
BILANZ-PRESSEKONFERENZ 1994

Der Handel mit und die Produktion von Software entwickelten sich durch die Fortschritte auf dem Personalcomputer-Markt binnen weniger Jahre zum Milliardengeschäft, und Microsoft schwamm immer ganz oben auf der Welle. Im Sog des legalen Programm-Marktes entstand aber noch ein weiterer Markt: Der Diebstahl von Computer-Software wurde schon bald im großen Stil betrieben.

Es sind nicht die kleinen Anwender, die mit geklauten Programmen den großen Schaden anrichten, es sind die organisierten Kriminellen, die die Quellsoftware kopieren und zum Schaden von Microsoft und den anderen Software-Häusern vertreiben.

Bill Gates wandte sich in seinem offenen Brief ja schon in einem sehr frühen Stadium an die »Hobbyprogrammierer« und beklagte den Software-Diebstahl. Als die Firma anfing, weltweit zu operieren, stellte Gates gegen die organisierte Software-Mafia eine eigene »Polizeitruppe« auf. Überall versuchen seither Ermittler der Firma Microsoft, in Zusammenarbeit mit der regulären Polizei vor Ort dieser Mafia auf die Schliche zu kommen.

So fanden sie in einem Apartmenthaus am Rande von Taipeh erst vor kurzem 650 000 gefälschte Microsoft-Hologramme. Die chinesische Universität in Shenzhen hatte sie im Auftrag eines Schwarzhändlers angefertigt. Die Hologramme wurden vernichtet und der Datenpirat in Taiwan sowie die chinesische Universität verurteilt. Die Strafe betrug jedoch lediglich 260 US-Dollar. Die Geschäftsleitung in Redmond schätzt den Schaden, der durch diesen Akt

155

von Software-Piraterie im großen Stil entstanden ist, aber auf 30 Millionen US-Dollar. Insgesamt beziffern die Software-Hersteller die Verluste, die ihnen der Schwarzhandel zufügt, auf 20 Milliarden Mark pro Jahr.

Mit einer großangelegten Kampagne wollte Microsoft Anfang des Jahres 1994 den schwarzen Schafen im PC-Software-Handel den Kampf ansagen. Neben zahlreichen Erfolgen bei der Aufdeckung und Verfolgung von Rechtsverstößen konnte das Unternehmen nach eigenen Angaben »eine zunehmende Sensibilisierung der verschiedenen Anwendergruppen feststellen. Schließlich beschäftigen sich verstärkt auch staatliche Behörden, Polizei und Staatsanwaltschaften mit der Urheberrechtsproblematik bei Software und handeln proaktiv.« Im Klartext: Genutzt hat es nichts.

Programme zu kopieren gilt vor allem in der Computerszene, aber auch bei den Privatnutzern von Computern immer noch als Kavaliersdelikt. Den Vorwürfen von Bill Gates halten die meisten Software-Diebe als Argument einfach seine eigenen Gewinne entgegen: Bill Gates habe es mit Software geschafft, in nur 15 Jahren zum reichsten Mann der USA zu werden. Fast 100 seiner Mitarbeiter seien mittlerweile Millionäre. »Weshalb regt er sich dann so auf?« fragen sich viele. Es entstehe ihm doch kein empfindlicher Schaden. Und außerdem sei es gar nicht einzusehen, weshalb bei der Software so hohe Gewinnmargen veranschlagt würden. Ein Textverarbeitungsprogramm für über 1000 Mark sei hoffnungslos überteuert, und solange die Software-Häuser diese Politik betrieben, werde auch das illegale Kopieren nicht aufhören. Der amerikanische Kolumnist John C. Dvorak stellte denn auch die Frage, »wer da wen ausraubt«.

Etwas Wahres ist an den Vorwürfen auf jeden Fall dran: Die Programme sind teilweise überteuert. Das zeigt auch der rapide Preisverfall. Der Preiskrieg in der Software-Industrie ist voll entbrannt, dahinter steckt der Kampf um

Marktanteile und ums Überleben. Microsoft kann es sich natürlich aufgrund seiner hervorragenden Bilanzen leisten, beispielsweise das Programm Access günstig auf den Markt zu werfen. Das Komplettpaket der Office-Produkte ist ebenfalls ein hervorragendes Billigangebot, an dem die Konkurrenz erst einmal zu beißen hat – nicht umsonst sind weltweit schon Anfang 1994 über zwei Millionen Pakete verkauft worden. Zuerst aber versuchte vor allem Borland, sich mit niedrigen Preisen im Software-Geschäft zu etablieren, all die anderen mußten nachziehen.

Ein weiteres Argument für größere Toleranz gegenüber Raubkopierern gründet sich auf die Tatsache, daß viele Software-Häuser maßvolles illegales Kopieren durchaus begrüßen. Das klingt unlogisch, hat jedoch einen sehr rationalen Hintergrund: Wenn ein bestimmtes Programm auch illegal kopiert wird, kommt es natürlich in viel größerem Umfang unter die Leute. Zum einen werden dadurch neue Käufer akquiriert, zum anderen gelingt es so, die Software breit zu streuen und somit auf dem Markt durchzusetzen. Gegen ein solches Programm anzugehen, ist sehr schwierig. Das zeigt schon das Beispiel OS/2 kontra Windows. Windows läuft weltweit auf mehr als 60 Millionen Personalcomputern, Raubkopien natürlich nicht mitgezählt. Aber durch diese wird die Marktmacht eines ohnehin schon gängigen Systems noch zusätzlich verstärkt. Auch durch Raubkopien kann man Standards setzen, die Erfolg und Dollars versprechen.

Zu diesen Argumenten gesellen sich in der Diskussion über Bill Gates aber häufig auch noch Vorwürfe gegen den Chef von Microsoft selbst. Er habe doch sein ganzes Geld fast ausschließlich mit »geklauter Software« verdient, heißt es da, und als Beweis für diese These wird dann meist der Diebstahl der Windows-Symbole angeführt. Denn der Software-Milliardär Bill Gates wurde 1990 der Copyright-Verletzung angeklagt.

John Sculley, der neue Boß von Apple Computers, hatte die Klage eingereicht und wollte damit Microsoft empfindlich treffen. Er hatte aus seiner Sicht auch allen Grund dazu, denn Microsoft machte Apple mit der Einführung des überarbeiteten Programms Windows 3.0 den bisherigen Produktvorteil streitig: die eingängige und einfache Handhabung durch eine graphische Bedieneroberfläche, die jetzt in der dritten Version auch erstaunlich gut funktionierte. Die *Seattle Times* wählte nach der Präsentation des »neuen« Windows eine provokante und doppeldeutige Schlagzeile: »Gates bites apple« – »Gates beißt in den Apfel«. Und der Biß tat Apple wirklich weh: Ende Mai 1990 waren schon fast eine Million Exemplare des neuen Windows ausgeliefert. Die Computerbesitzer schienen die Microsoft-Benutzeroberfläche, die auf dem textorientierten DOS arbeitete, nach den schwierigen Anfangsjahren anzunehmen. Das lag nicht zuletzt an der deutlich verbesserten Bedienbarkeit.

Der Vorteil der graphischen Benutzeroberflächen besteht darin, daß die Programme über leichtverständliche Symbole angewählt werden können und durch die Maus bedient werden. Es wurde der Satz geprägt, die graphische Bedieneroberfläche sei ein »Muster leicht faßlicher Zweckmäßigkeit«.

Ein besonderer Dorn im Auge von Apple-Chef Scully war aber weniger das Programm, sondern vielmehr die Art und Weise, wie Bill Gates dieses durchsetzte. Der Druck auf die anderen Software-Anbieter wurde nämlich durch den Erfolg von Windows und vor allem von DOS immens. Jeder Produzent von Anwender-Software mußte schauen, daß seine Programme zuallererst mit den Benutzeroberflächen von Microsoft harmonierten – ganz egal, ob es textlich oder graphisch orientierte Programme waren. Das wirkte sich natürlich auch auf die Anzahl der Anwenderprogramme aus, die für den Apple geschrieben wurden. Und das wiederum, so haben wir es ja von Bill Gates gelernt, hatte Einfluß auf den Kauf von Hardware, also von Computern. Scully war mit Apple darauf angewiesen, möglichst viele Computer zu verkaufen, aber wenn es keinen Grund mehr gab, auf die Oberfläche von Apple auszuweichen, weil die von Windows – zumindest annähernd – genausogut war und man bei Windows sogar noch aus einem fast unerschöpflichen Reservoir von damals etwa 6000 Applikationen schöpfen konnte, dann mußte sich das über kurz oder lang aufs Geschäft auswirken. Also, was lag da näher, als dem Konkurrenten den Vertrieb seiner Benutzeroberfläche zu verbieten? Scully ging vor Gericht. Seine Argumente lagen auf der Hand: Die Ähnlichkeit der Windows-Ikonen mit denen des sechs Jahre alten Macintosh-Systems war so augenfällig, daß Apple gute Gewinnchancen sah.

Interessant ist in diesem Zusammenhang ein kleiner, versteckter Hinweis, der in einem Interview mit John Scully auftauchte. Er behauptete dort, daß die Klageschrift eingereicht worden sei, obwohl beide Firmen bei der Software-Entwicklung »freundschaftlich zusammenarbeiten«. In aller Freundschaft begab man sich also vor Gericht, und die Argumentation im Streit war dann auch weniger stichhaltig als öffentlichkeitswirksam. Die PR-Abteilungen beider Unternehmen dankten es ihnen. Zu Beginn der neunziger Jahre waren die Benutzeroberflächen beider Unternehmen recht häufig in den Schlagzeilen der Presse, häufiger jedenfalls als die wirkliche Konkurrenz OS/2. Den Spekulationen sei an dieser Stelle freier Lauf gelassen. Beim Gerichtsverfahren kam allerdings rein rechtlich gesehen nichts heraus. Im Verfahren »Apple gegen Microsoft« und »Apple gegen Hewlett Packard« obsiegten Microsoft und Hewlett Packard. Der Richter gab den Machern aus Redmond recht und bestätigte damit, daß die umstrittenen Displays nicht durch ein Copyright geschützt sind.

159

Genaugenommen hatte keiner der Kontrahenten bei dieser öffentlichkeitswirksamen Spiegelfechterei einen Grund, sich die Entwicklung der graphischen Benutzeroberfläche ans Revers zu heften. Denn zuerst hatte jemand ganz anderes an der Realisierung des Musters »leicht faßlicher Zweckmäßigkeit« gebastelt. Die erste graphische Benutzeroberfläche entwickelten die Mitarbeiter im Thinktank des Büromaschinen-Multis Xerox. Im Mai 1981, nach bald zehnjähriger Tüftelarbeit, stellte Xerox zum ersten Mal die Star-Workstation vor. Star arbeitete sowohl mit Maus-Unterstützung als auch mit den sogenannten Pull-Down-Menüs. Und betrachtet man dieses Ur-Windows, so stellt man sehr schnell fest, daß sich sowohl Apple als auch Microsoft dadurch beeinflussen ließen.

In einem Artikel in der Zeitschrift *Spektrum der Wissenschaft* gibt Bill Gates dann auch offen zu, von wem er seine Phantasie anregen ließ:

»Die Art, wie ein Programm mit dem Anwender kommuniziert, nennt man Benutzeroberfläche. Eine Schlüsselrolle spielt dabei das, was auf dem Bildschirm an Hilfsinformationen gezeigt wird: Angaben über den momentanen Zustand der Arbeit oder die möglichen Befehle zum Beispiel. Anstatt solche Informationen einfach in Klartext auf dem Bildschirm wiederzugeben, symbolisieren moderne Computer sie durch Bilder und Graphiken mit Texten in verschiedener Schriftgröße. Diese sogenannte Graphik-Oberfläche wurde bereits in den frühen siebziger Jahren im Xerox-Forschungszentrum in Palo Alto von Doug Engelbart entwickelt, aber erst mit der Einführung des Apple Macintosh im Jahre 1984 in größerem Stil kommerziell eingesetzt. Sie erlaubt es, die Befehlsfunktionen eines Programms weitgehend intuitiv zu erfassen. Der Anwender kann sich die abstrakten Funktionen der Benutzeroberfläche konkret vorstellen. Wir erwarten, daß sich das

Spektrum an Benutzeroberflächen in den nächsten drei Jahren auf ein oder zwei graphische Standards einengen wird, wie das bei den binären Verschlüsselungen ja bereits geschehen ist.«

Die graphischen Benutzeroberflächen haben nicht zuletzt durch den Windows-Standard einen enormen Vorteil für den Benutzer: Er findet sich leichter in fremden Anwenderprogrammen zurecht, die dieselben Ikonen enthalten müssen wie die Oberfläche. Das erleichtert die Bedienbarkeit und das Erlernen neuer Software. Dies wiederum unterstützt den Erfolg der Software.

Bill Gates heftet sich aber diesen Erfolg nicht einfach ans Revers und weiß in einem *Spiegel*-Interview ganz genau, wem er ihn zu verdanken hat:

»Ich habe sehr viel Zeit damit verbracht, mit Doug über seine Forschung zu reden. Er ist ein guter Freund – ein toller Kerl. Und ich bin in mehreren Organisationen aktiv, die Doug für seine Arbeit ausgezeichnet haben.«

»Ein stetiger Ansporn zur Schaffung neuer Software ist die rasche Entwicklung auf dem Hardwaresektor. So hat sich das Arbeitstempo des von der Firma Intel hergestellten Prozessors für den IBM-PC in den achtziger Jahren mehr als verzehnfacht. Das gleiche gilt für die Speicherkapazität«, resümiert Bill Gates die Ursache der immer kürzeren Schaffensprozesse bei den Software-Programmen. Das Arbeitstempo der Prozessoren beschleunigte sich in den neunziger Jahren sogar noch weiter, fast verliert man den Überblick zwischen all den Pentium- und Power-PC-Entwicklungen im Gigabyte- und 32-Bit-Bereich. 1989 nahm sich das aus Sicht von Gates noch etwas harmloser aus:

»Statt eines einzelnen Diskettenlaufwerkes mit einer Kapazität von 128 000 Zeichen haben Personalcomputer üblicherweise eine fest eingebaute Festplatte, die mindestens 40 Millionen Zeichen aufzunehmen vermag. Jede Steigerung der Arbeitsgeschwindigkeit oder Speicherkapazität ermöglicht eine neue Art von Software mit verbesserten Leistungen und Bedienungsmethoden und gibt der Software-Entwicklung einen kräftigen Anstoß. Dabei wird der Fortschritt auf dem Hardware-Sektor mindestens noch in den nächsten zehn Jahren mit demselben Tempo weitergehen.«

Wie gesagt, die Geschwindigkeit hat sich noch erhöht, und mit ihr auch die Geschichte des Betriebssystemzusatzes zu DOS, der mit einer Maus bedient wird, sich den Benutzern in Fenstern und Bildsymbolen präsentiert und ihm eine sogenannte interaktive Bedienerführung statt eines befehlsorientierten Kommandomodus erlaubt. Soviel zur Programmbeschreibung von Windows. Die vorher schon erwähnte Version 3.0 verhilft Windows 1990 zum Durchbruch auf dem Markt. Nicht ganz unschuldig hieran ist aber auch der Hardware-Fortschritt, denn Windows ermöglichte erst auf den 386er und 486er PCs das sogenannte Multitasking, das Ablaufen und Benutzen von mehreren Programmen zugleich.

Allerdings hatte die Version 3.0 noch viel zu viele Systemabstürze, wovon fürs erste eine Zehn-Millionen-Dollar-Werbekampagne, bei der allein drei Millionen Dollar für die Eröffnungsgala vorgesehen waren, ablenken sollte. Alle kamen zur Gala, Paul Allen und Bill Gates fielen sich medienwirksam in die Arme. Bill Gates lächelte bescheiden vor einer großen Multimedia-Wand, auf der das Windows erschien, und verkündete einem hellauf begeisterten Publikum seine Visionen. Am meisten Applaus bekam er von Mary Gates, der Mutter des »Wunderkindes«. Eine perfekt inszenierte Werbeveranstaltung, die dem amerikanischen Traum ungemein nahe kam und den Yellow-Press-Schreibern ausreichend Gelegenheit bot, auf die Tränendrüse zu drücken.

Die Technik holte erst ein Jahr später auf, als die Version 3.1 Anfang 1992 stabilere Maßstäbe setzte. Jetzt sprachen die Fachjournalisten von der eigentlichen Marktreife des an über 1000 Stellen verbesserten Programms. Dem erneuten gewaltigen Entwicklungsaufwand stand eine ebenso gigantische Nachfrage gegenüber. Gates hatte auf Windows gesetzt und schien zu gewinnen. Sechs Wochen nach Erscheinen vermeldete die Erfolgsstatistik aus Redmond: »Über drei Millionen Kopien von Windows 3.1 sind ausgeliefert.«

Schon zwei Jahre vorher hatte der Umsatz von Microsoft zum ersten Mal die Milliardengrenze überschritten. Mehr als 15 000 Mitarbeiter in aller Welt werden von Bill Gates beschäftigt, und mit dem neuen Windows setzt sich Microsoft völlig unangefochten auf Platz eins in den Top 100 der Software-Branche. Ein Erfolg, der auch an der politischen Führung des Landes nicht unbemerkt vorübergeht. Bill Gates wird von US-Präsident George Bush mit der »National Medal of Technology« ausgezeichnet.

Das Rad des Fortschritts steht in Redmond nicht still, sondern dreht sich immer schneller: 1993 wird DOS 6.0 ausgeliefert, Windows soll sich mittlerweile im Besitz von mehr als 25 Millionen lizenzierten Benutzern befinden und damit das populärste graphische Betriebssystem sein. Für Mehrplatzsysteme im PC-Bereich führt die Software-Schmiede das Windows for Workgroups ein, und im High-Standard-Bereich sollen eben diese neu gesetzt werden: Fortan kann man das neue 32-Bit-Betriebssystem Windows NT – »New Technology« – verwenden. Die Evolution von Windows scheint kein Ende zu nehmen.

»Einige Experten meinen, man sollte einfach die Rückwärtskompatibilität aufgeben und ein völlig neues Betriebssystem schaffen. Wir sind anderer Meinung. Wir glauben, daß sich die notwendigen Verbesserungen auch evolutionär erzielen lassen.«

Entgegen dieser Aussage fährt Bill Gates inzwischen einen anderen Kurs. Der korrektere Name für das neue Windows lautet »Windows NT Workstation 3.5«. Und es hat einen völlig neuen Ansatz, denn die Rückwärtskompatibilität ist hier sehr wohl fast vollständig aufgegeben worden. Das Windows NT benötigt DOS nicht mehr als Betriebssystem. Allerdings kann es nur auf den schnelleren und professionellen Computersystemen laufen, das sind vor allem die teuren Geräte in der oberen Pentium-Klasse und die Alpha R4000 Power PCs, also die sogenannten High-End-PCs oder Workstations.

Der große Vorteil von Windows NT liegt in dem stark reduzierten Speicherbedarf des 32-Bit-Betriebssystems. Die Programmierer schufen damit mehr Platz für die verschiedensten Anwendungen. Mehr als fünf Jahre Entwicklungsarbeit und rund 100 Millionen Dollar sollen in diese Netzwerk-Software investiert worden sein. Aber Investitionen in diesem Marktsegment sind laut Bill Gates äußerst gewinnbringend angelegt, denn der Markt für Netzwerke wird in den nächsten Jahren rapide zunehmen.

Jedoch gibt es hier auch extrem starke Konkurrenz. Die Softwarefirma Novell hat sich schon vor Jahren auf diesen Markt gestürzt und mit UNIX und Netware hervorragende Konkurrenzprodukte angeboten. Zudem macht sich im etwas tiefer angesiedelten Konsumentenmarkt die Konkurrenz von OS/2 deutlich bemerkbar. Der Erfolg wird mit NT nicht leicht einzuheimsen sein, wie schon die ersten zwölf Monate seit der Erstauslieferung zeigten. Nur 300 000 Exemplare fanden ihre Käufer. Damit blieb Windows NT deutlich hinter den Erwartungen von Bill Gates zurück, der mit einer Million Verkäufen gerechnet hatte.

Die Luft für Microsoft ist ganz oben plötzlich etwas dünner geworden, aber sie reicht immer noch, damit man in Redmond erst einmal Atem holen kann. Gates hat den Fehler, sich zu spät auf die Computernetzwerke konzentriert zu haben, auch schon als solchen erkannt:

»In dem Geschäft sind wir heute nur Nummer zwei, hinter Novell. Wir hätten früher in diesen Markt gehen können. Rückblickend muß ich sagen, es war eindeutig ein Fehler, das nicht schneller anzugehen. Andererseits waren wir auch auf anderen Märkten schon einmal die Nummer zwei. Aber wir haben es immer geschafft, unsere Marktanteile zu vergrößern – manchmal aus eigener Kraft, manchmal, weil unsere Konkurrenten Fehler machten«, gestand er dem *Spiegel*.

Erst am Anfang der neunziger Jahre stieg Microsoft aus der Zusammenarbeit mit IBM bei der Entwicklung des Betriebssystems OS/2 aus. Gates wollte die Kräfte seiner Programmierer-Crew auf Windows konzentrieren. Der Absprung aus dem fahrenden Zug störte die Beziehung zwischen beiden Firmen allerdings nachhaltig. Sie wurden zu Konkurrenten, die sich bald darauf mit allen Mitteln bekämpften. Bill Gates hat im Augenblick jedoch die schlechteren Karten. Die lange versprochene Windows-Version Windows 95, alias Chicago, läßt auf sich warten, und so kann das 32-Bit-System OS/2 Warp im Billigpreissegment ungestört absahnen. Unterstützt wird Warp durch einen riesigen Werbefeldzug der IBM-Leute, der Windows 95 schon ins Hintertreffen bringt, bevor es überhaupt erschienen ist. Bill Gates verfolgt weiterhin die Strategie, mit nebulösen Ankündigungen den Markt für Chicago zu interessieren und den Käufern den Mund wäßrig zu machen, doch diesmal besitzt »Big Blue« einen unübersehbaren Startvorteil. OS/2 Warp stellt zudem eine wirkliche Alternative zu Windows dar. Und IBM-Boß Lou Gerstner hat die neue OS/2-Version 3 Warp zur Chefsache erklärt. Diese Version läßt sich die Zentrale in New York immerhin über eine Milliarde US-Dollar allein für die Entwicklung kosten. Der Erfolgsdruck ist somit immens.

Aber noch etwas hat Bill Gates durch die Kündigung der Zusammenarbeit zwischen Microsoft und IBM bewirkt. Auf der Suche nach neuen Kooperationspartnern hat IBM den Weg zu dem Erzrivalen Apple gefunden. Beide wollen den Power-PC weiterentwickeln.

Doch zurück zum Konkurrenzprodukt OS/2. Wenn sich alles so weiterentwickelt, wie es die derzeitige Gerüchteküche glauben macht, wird der Kampf der Betriebssysteme bald ein Zweikampf sein. Denn Novell hat in einer spektakulären Nacht-und-Nebel-Aktion zwar WordPerfect übernommen, will nun aber die eigene Version des DOS, das Novell-DOS, aufgeben. Betrachtet man das Geschehen einmal nicht vom Standpunkt der Redmond-Leute, kann man nur hoffen, daß OS/2 nicht versagt, denn sonst würde Microsoft Monopolanbieter für Betriebssysteme auf dem Markt werden, sicher ein Traum von Bill Gates.

Aber schon folgt – zumindest auf dem deutschen und damit auch europäischen Markt – ein böses Erwachen: Die größten Anbieter Vobis und Escom setzen voll auf das neue IBM-Betriebssystem OS/2, Windows soll es fortan nur noch gegen Aufpreis geben. Das neue OS/2 Warp wird das vorinstallierte Standardbetriebssystem auf allen PCs der beiden größten deutschen Handelsketten werden. Die Begründung: Das DOS sei hoffnungslos veraltet, und das neue Windows lasse wahrscheinlich noch lange auf sich warten. Zudem habe man keine Lust mehr, sich den Markt diktieren zu lassen – mit einem Monopolisten ist eben nicht gut Kirschen essen, und er diktiert nicht nur den Markt, sondern auch den Preis. Und Gewinn ist bei den hart kalkulierenden Ketten und den ins Bodenlose fallenden Hardware-Preisen nur noch mit der Software zu erzielen.

Vobis-Vorstand Theo Lieven äußerte sich dazu gegenüber der deutschen Computerzeitschrift *ct:* »Ich habe keine Lust mehr, zweistellige Dollarsummen für MS-DOS zu zahlen.« Die Macher in Redmond, allen voran Bill Gates, müssen sehr gut aufpassen. Der Markt für ihre Produkte bröckelt, und die gigantischen Werbeschlachten, die sich »Big Blue« und Gates in den Medien der Welt liefern, zeigen den Unterschied nicht nur in kleinen Köpfen und schnellen Schnitten: OS/2 scheint technisch immer einen kleinen Schritt voraus zu sein, selbst das Warp war noch schneller auf dem Markt als Windows 95. Gates muß jetzt reagieren, denn auch in den Vereinigten Staaten scheint sich der Wind ein wenig zu drehen: Der Großversender CompuAdd hat sich entschlossen, OS/2 vorzuinstallieren – und das, kurz bevor Bill Gates »das größte Update aller Zeiten« auf den Markt werfen will. Das Jahr 1995 wird in jedem Fall für Microsoft eines der härtesten in seiner Geschichte werden.

Die Computerzeitschrift *Chip* fragte Ende 1994 noch einmal genau bei Bill Gates nach und wollte seine Meinung zu OS/2 und Windows 95 hören. Der Fachjournalist Jörg Schieb führte das Interview:

J. S.: »Wie finden Sie es, Mr. Gates, daß IBM so viel früher als Sie einen Internet-Zugang anbieten kann?«

B. G.: »Ich weiß nicht, was sie wirklich früher anbieten. IBM macht jedes Jahr aufs neue OS/2-Ankündigungen, jedes Jahr. Und wir können keine Software-Entwickler davon überzeugen, Software dafür zu entwickeln. Das hat sich nicht geändert. Jedes Jahr kündigen sie was an, und jedes Jahr schreibt niemand die passende Software.«

J. S.: »In Deutschland ist OS/2 relativ erfolgreich, zumindest im Vergleich zu anderen Ländern.«

B. G.: »Wenn man unter OS/2 keine Windows-Anwendungen verarbeiten könnte, gäbe es vermutlich gar keinen Grund mehr, OS/2 zu benutzen. Ich glaube, vielen ist gar nicht bewußt, daß die meisten Software-Entwickler seit einem Jahr hauptsächlich für Windows 95 entwickeln, und diese Software wird niemals unter OS/2 laufen.«

J. S. »Wann wird Windows 95 genau auf den Markt kommen?«

B. G.: »Im ersten Halbjahr 1995.«

Sein Wort in Gottes Ohr, wird so mancher Programmierer in Seattle heimlich denken. Schon mehrmals wurde der Start von Windows 95 angekündigt, und schon mehrmals wurde er verschoben – in bester Microsoft-Manier allerdings. Windows 95 soll den weniger anspruchsvollen Anwenderbereich abdecken – vom »Einsteiger bis zum Power-User«, versprechen die Werbestrategen von Microsoft. In mehr als 1000 Stunden ließ Microsoft die Benutzerfreundlichkeit der Beta-Versionen des neuen Programms von Nichtfirmenangehörigen testen. Christian Wedell, der Direktor von Microsoft Zentral- und Osteuropa, erklärte erst vor kurzem wieder, daß »die Einführung von Windows 95 das bisher größte Ereignis in der Geschichte der Computerindustrie darstellt. Windows 95 wird zu dem 32-Bit-Betriebssystem-Standard für den PC werden«.

Sachte, sachte, etwas weniger laut, möchte man sagen, denn so, wie Windows 95 angeblich angelegt ist, mag es zwar ein schönes Programm sein, aber ob es der große Wurf wird, muß die Praxis erst noch erweisen. Es ist, folgt man den ersten Beschreibungen, ein Zwischending zwischen 16- und 32-Bit-Code und immer noch mit den inzwischen in die Jahre gekommenen DOS-Programmen verbunden. Sicher, das Schlagwort von Microsoft heißt »Abwärtskompatibilität«, aber genau diese hat bislang den Programmierern die meisten Schwierigkeiten bereitet. Denn die alten Treiber stehen dem Multitasking und den Eingabemodellen der schnelleren Bit-Codes im Weg. Und so recht scheint man in Redmond auch nicht zu wissen, was man noch als Neuigkeit ankündigen soll. Zwar wird an der graphischen Benutzeroberfläche ständig gebastelt und geschliffen. Aber kaum eine Verbesserung fand bisher vor den Augen von Bill Gates Gnade. Bleibt als neue Errungenschaft also nur der Kontakt nach außen. Darin kann auch die große Stärke von Windows 95 liegen, wenn dieses Programm tatsächlich die Auffahrt auf die Datenautobahn darstellt. Die Integration von bestehenden Netzwerkdiensten wird nach Auskunft der Marktstrategen mit Windows 95 kein Problem mehr sein.

Bill Gates spricht sich selbst Mut zu: »Wir haben mit Windows die bessere Strategie. Wir haben uns gesagt, laßt uns ein Betriebssystem entwickeln, das die Vorzüge der verschiedenen Systeme in sich vereint: Auf der Softwarebasis von Windows NT lassen sich große Computernetze betreiben, das war bislang die Domäne von Novell. Gleichzeitig wird Windows NT die Leistungsfähigkeit von Arbeitsplatzrechnern und High-End-Personalcomputern viel besser ausschöpfen, als das bisher der Fall war. Und der Benutzer findet etwas vor, was er rein äußerlich oftmals schon vom PC gewohnt ist: die Symbole und Fenster von Windows.«

Es wird nicht einfach werden, den Software-Giganten vom Thron zu stürzen, denn Gates hat sein Unternehmen mit Bedacht aufgebaut. Er kennt wie kein anderer den Wachstumsmarkt Multimedia, und sein Imperium ist weltweit strategisch abgesichert. Er zieht die Lehren aus eigenen Fehlern und aus denen seiner Gegner. Folglich kann man aus dem Geschäftsgebaren von Microsoft bisher nur lernen – und das in jedem Fall, wenn es darum geht, Entwicklungen auch geschäftsinterner Art nach außen hin zu verkaufen. Der Bericht der Bilanz-Pressekonferenz von Microsoft enthält denn auch ganz spannende Passagen – wenn man ein wenig zwischen den Zeilen liest. Microsoft scheint sich auf schwierigere Zeiten vorzubereiten und versucht, dort einzusparen, wo man sich Rendite verspricht. So wird eine Reduzierung der Mitarbeiterzahl in der Niederlassung Zentraleuropa um sechs Prozent euphemistisch als »proaktiv« beschrieben: »Die Mitarbeiterreduzierung ist ein Schritt von Microsoft in Richtung Lean Management. Angesichts des steigenden Preisdrucks und der sich verändernden Situation im PC-Markt seit Anfang 1994 hat das Unternehmen proaktiv gehandelt. Die Produktivität in den Bereichen Marketing und Vertrieb wurde erhöht, während Synergie-Effekte bei Logistik und Organisation auf paneuropäischer Ebene geschaffen wurden. Gerade im Bereich Kundenservice greift Microsoft heute zunehmend auf seine externen Partner, die Microsoft Solution Provider, zurück und verschafft sich darüber hinaus durch Outsourcing-Maßnahmen eine höhere Flexibilität.«

171

Die Angst vor dem Zusammenbruch auf dem Personal-computer-Markt ist hoch; man weiß, daß die Konkurrenz im vergangenen Jahr, nicht nur mit OS/2, stark aufgeholt hat, und gesteht dies auch ein. Daß sich die Mitarbeiterre-duzierung in einem Bereich vollzieht, der bei Microsoft zu den stärksten Bastionen außerhalb der Vereinigten Staaten zählt, ist um so erstaunlicher. Das ist ein Grund, weshalb man die offizielle Geschäftspolitik des Software-Riesen für 1995 einer etwas genaueren Betrachtung unterziehen sollte.

Die Zahlen und Daten sowie die Einschätzung des Mark-tes gewähren einen Einblick in die Gesamtstrategie eines Unternehmens wie Microsoft. Doch zuerst sollen wieder Zahlen sprechen, anhand derer die Geschäfts- und Pro-duktpolitik erläutert werden kann. Diesmal geht es um die Niederlassung in Deutschland, die für ganz Zentral-europa verantwortlich zeichnet: Auch die deutsche Nie-derlassung konnte im Geschäftsjahr 1994 die Marktposi-tion weiter ausbauen. Im Vergleich zu anderen Software-Firmen, die im Schnitt um zwölf Prozent zulegten, war auch hier ein – überdurchschnittlicher – 20prozentiger An-stieg des Umsatzergebnisses von 586 auf 705 Millionen Mark zu verzeichnen. Zurückzuführen sei dieses positive Ergebnis, glaubt man Christian Wedell, dem Direktor von Microsoft Zentraleuropa, wie im Geschäftsjahr zuvor wie-der auf die anhaltend hohe Akzeptanz des Betriebssy-stems Windows und auf die große Nachfrage nach dem Büro-Komplettpaket Microsoft Office.

Das Geschäftsziel von Microsoft – »der kontinuierliche Ausbau seiner Position als Technologie- und Marktführer im Personalcomputer-Software-Markt« – ist klar definiert. Zur Erreichung desselben, das angesichts der gesamtwirt-schaftlichen Situation und der sich wandelnden Gegeben-heiten im Personalcomputer-Markt keine einfache Aufga-be mehr darstellt, setzt Microsoft auf folgende Strategien:

»1. Kontinuierlicher Ausbau des Stammgeschäfts bei den Schlüsselprodukten im Desktop-Bereich, 2. weitere Expansion in neuen Märkten, 3. Vertiefung von konstruktiven Partnerschaften im Markt und 4. Vorantreiben technologischer Innovationen und Entwicklungen.«

In Gesamteuropa steigerte Microsoft seinen Umsatz jedoch nur um acht Prozent – von 1,25 Milliarden US-Dollar auf 1,35 Milliarden US-Dollar im Geschäftsjahr 1994. Immerhin ist Europa auch für den Gesamtkonzern von nicht geringer Bedeutung. Fast 30 Prozent des weltweiten Umsatzes der Microsoft Corporation werden in den Staaten der Alten Welt verdient, wobei hier wiederum Deutschland, Österreich, die Schweiz und Osteuropa die stärksten Regionen darstellen. 1994 waren das immerhin fast 700 Millionen US-Dollar – also 14 Prozent vom Gesamtumsatz des Gatesschen Imperiums. Vor allem in den osteuropäischen Ländern wie Polen, Tschechien, der Slowakei, Ungarn, Bulgarien und Rußland erwarten sich die Marktstrategen jedoch gewaltige Zuwachsraten. Nach dem Zusammenbruch des kommunistischen Systems und der Hinwendung zur Marktwirtschaft gilt es, das dortige Neuland zu erschließen. Die ersten Zahlen aus dem »Wilden Osten« sprechen für sich: Die Umsatzsteigerung in diesen Staaten lag bei 138 Prozent, von 13 Millionen US-Dollar auf 31 Millionen US-Dollar. Und das Wachstum wird so schnell nicht abflauen. Was liegt also näher, als sein Augenmerk besonders auf diese Länder zu richten?

So unterschiedlich die Umsatz*entwicklung,* so ähnlich die Umsatz*verteilung* auf die verschiedenen Umsatzträger: Die Anwendungsprogramme – wie Word, Excel oder das Microsoft-Office-Paket – spielen die größte Rolle. Knapp zwei Drittel des Umsatzes der europäischen Tochtergesellschaften wurden mit diesen Programmen erwirtschaftet, und fast alle waren Windows-Applikationen. Der Anteil an der System-Software und den Programmiersprachen lag bei etwa einem Fünftel des Umsatzes. Allerdings darf man nicht vergessen, daß gerade die Art der Betriebssysteme auch den Erfolg der Anwendungsprogramme direkt beeinflußt. Die Verbreitung von Windows zieht automatisch die Verbreitung der Anwendungsprogramme, die unter Windows laufen, nach sich.

In einem weiteren Bereich stellt die System-Software einen wichtigen Umsatzträger dar. Microsoft erzielt mit ihr im Lizenzgeschäft außerordentlich hohe Gewinne: weltweit immerhin 1,2 Milliarden US-Dollar – also fast ein Viertel des Gesamtumsatzes. Bei den sogenannten OEM-Umsätzen – »Original Equipment Manufacturer« – handelt es sich in erster Linie um die Lizenzierung von Betriebssystemen für Hardware-Hersteller.

Den Erfolg führen die Microsoft-Verantwortlichen auf mehrere Punkte zurück, unter anderem darauf, daß die Anwender das Paket Microsoft Office als die ideale Büro-Komplettlösung wählten. Weltweit arbeiten mehr als 15 Millionen Anwender mit Microsoft Office, bestehend aus den Komponenten Word für Windows, Excel, PowerPoint, Microsoft Access und Electronic Mail. Das Interesse an Einzelapplikationen geht hingegen zurück, was nicht zuletzt an den preisgünstigen Komplettangeboten der großen Software-Häuser liegt. Diese setzen die Komplettpakete neuerdings als Preisbrecher gegenüber der Konkurrenz ein. So lag allein in Deutschland der Anteil von Microsoft Office bei rund 60 Prozent aller Anwendungsprogramme, und der Umsatz mit solchen Lösungen hat sich insgesamt verdreifacht. Ob dies als Erfolg für Microsoft zu werten oder doch eher auf den allgemeinen Preisverfall im Software-Geschäft zurückzuführen ist, bleibt abzuwarten.

Als zweiter Grund für den Erfolg von Microsoft wird die Einführung neuer Produkte und Produktversionen angeführt, also die Innovation und die Produktpflege. Ein weiterer wichtiger Punkt ist die Entwicklung neuer Märkte. Schon seit längerer Zeit kümmert sich Microsoft um den sogenannten Konsumentenmarkt. Zweifellos gehört er zu den am stärksten wachsenden Marktsegmenten der Computerindustrie. In diesem Bereich entsteht eine vollkommen neue Software-Industrie mit neuen Anbietern und neuen Vertriebskanälen. Die Produkte für dieses Segment müssen einen hohen Grad an Benutzerfreundlichkeit aufweisen, also komplett selbsterklärend sein. Handbücher werden in diesem Bereich der Vergangenheit angehören. Generell ist festzustellen, daß der Markt der Computer- und EDV-Literatur in den nächsten Jahren aufgrund der neuen Technologien noch härter umkämpft werden wird. Gerade die breitgestreuten Anwenderprogramme müssen vereinfacht werden. Bill Gates hat das anhand eines heute schon sehr komfortablen Textprogramms noch einmal deutlich gemacht: »Es erfordert immer mehr Zeit, dem Computer zu sagen, wie der Text aussehen soll. In einigen Jahren wird dem Anwender diese Aufgabe von einem Programm abgenommen, das selbständig Texte zu formatieren, die richtigen Schrifttypen auszuwählen und ein Layout im gewünschten Stil zu erstellen vermag.«

1994 beschickte Microsoft den Konsumentenmarkt mit der eigens dafür kreierten Produktlinie »Microsoft Home«. Die Familie in ihrem privaten Umfeld stellt einen sehr wichtigen Wachstumsmarkt für die Softwarehäuser dar, nachdem der Markt der professionellen Anwender nur noch durch Updates oder völlig neu entwickelte Programme ausgebaut werden kann. Die Produktpalette für zu Hause umfaßte Ende 1994 rund 45 Titel, teils in deutscher, teils in englischer Sprache, 100 weitere sollen in den nächsten Jahren folgen. Gerade auf die Software für Kinder – Creative Writer und Fine Artist – setzt die Branche große Hoffnungen. Und die Resonanz fällt dementsprechend aus. Software für Kinder als neues Marktsegment hat Bill

Gates schon länger im Visier: »Allein die Tatsache, daß die Leute zunehmend schon in der Kindheit Computern ausgesetzt werden, wird das Denken in diesem Marktsegment beeinflussen.«

So wird die Rekrutierung der Kinder bei der Entwicklung des Marktes ungeheuer wichtig. In erster Linie bilden sie eine Verbraucherschicht, die ein riesiges Marktpotential verspricht. Immerhin gehört der Computer schon heute zu den häufigsten Gaben unter dem Weihnachtsbaum. Außerdem werden sie die Generation sein, die als erste mit dem Information-Superhighway zurechtkommen muß. Folglich kann die Branche sie gar nicht früh genug an die jeweils eigene Marke binden, denn wie bereits vorher erwähnt, ist die Produkttreue bei Software-Anwendern außergewöhnlich stark. Wer mit den typischen Microsoft-Ikonen aufwächst, wünscht sich nichts anderes mehr.

Die Überlegungen der Marktstrategen sind jedoch nicht immer so leicht zu durchschauen. Tatsache bleibt, daß sich viele Familien einen Personalcomputer anschaffen, weil schon jetzt hervorragende Lern-Software auf dem Markt ist und weil die Eltern für die Zukunftsperspektive ihrer Schützlinge nichts versäumen wollen. Für das Kalenderjahr 1994 erwartet Microsoft einen weltweiten Umsatz mit den Home-Produkten in Höhe von 400 Millionen Mark. Zum Vergleich: In den deutschen Privathaushalten sind derzeit rund drei Millionen Personalcomputer im Einsatz, das heißt, bereits jeder zweite in Deutschland verkaufte Personalcomputer wird zu Hause genutzt. Hinzu kommt, daß die multimediale Information immer stärker auf dem Vormarsch ist. Den Angaben eines Marktforschungsinstituts zufolge werden im Jahr 1994 allein in Deutschland insgesamt 850 000 CD-ROM-Laufwerke ausgeliefert worden sein. Und in den nächsten drei Jahren erwartet Microsoft noch zusätzlich eine Steigerung der CD-ROM-Absätze um mehr als das Doppelte.

Ebenso wie der Konsumentenmarkt für zu Hause und für die Kids neue Entwicklungschancen in sich birgt, so werden auch die Veränderungen in der Arbeitswelt, das Home-Working, starke Auswirkungen auf den Personalcomputermarkt haben. 1993 wurden in den Vereinigten Staaten im Home-Bereich mehr als sechs Millionen Computer verkauft, und der Trend setzt sich fort. Bill Gates hat diese zweite neue Käuferschicht ebenfalls schon fest im Visier: »Bis zum Ende des Jahrzehnts wird mehr als die Hälfte unseres Umsatzes aus dem Heimbereich stammen.« Doch über die Freude ob der Entwicklung des Konsumentenbereichs vergißt Microsoft die professionellen Lösungen für die gewerblichen Kunden nicht. Mit Windows NT Workstation und Windows NT Server hat sich Microsoft im Netzwerkmarkt schon mal eine sichere Position auf Platz zwei geschaffen, was gerade auf dem boomenden Client-Server-Markt wichtig sein wird.

Auch das mittlerweile schon altehrwürdige E-Mail wird bei den professionellen Anwendern wieder zu neuen Ehren kommen. Bereits 1989 hatte Bill Gates von den Möglichkeiten der Electronic Mail geschwärmt: »Der Benutzer des E-Mail tippt eine Nachricht und die Liste der Empfänger ein, und der Computer sorgt dafür, daß jeder auf der Liste die Nachricht erhält, unabhängig davon, ob er gerade am Platz ist. Der Empfänger kann die aktuellen Nachrichten zu beliebiger Zeit lesen, eventuell beantworten und dann löschen oder speichern. Das klingt relativ einfach, aber genauso einfach würde sich auch eine entsprechend knappe Beschreibung des Telefons anhören. In Wirklichkeit ist die Einführung eines neuen Kommunikationssystems für eine Organisation stets mit umwälzenden Veränderungen verbunden. Die Durchsetzung der E-Mail in den neunziger Jahren wird ähnlich tiefgreifende Folgen haben wie die Einführung des Telefons in der ersten Hälfte dieses Jahrhunderts.«

Und ähnlich wie für den privaten Bereich wird auch für kleinere und mittlere Unternehmen eine kostengünstige Beschaffungsmöglichkeit für Software von Microsoft erdacht. Auch hier tobt der Preiskampf der großen Software-Häuser, und das Stammgeschäft im Desktop-Bereich beginnt sich für Microsoft schwierig zu gestalten. Mit der Einführung der Microsoft Office Business Edition im Herbst 1994 erweiterte Microsoft sein Angebot an Office-Lösungen und richtete sich dabei im speziellen an Unternehmen und Selbständige. Diese Busineß-Lösung enthält in der Standardversion neben den Office-Standard-Applikationen drei weitere Komponenten: eine komplette Adreßverwaltung, die Business Drawing Software Visio-Express sowie die Finanzsoftware Microsoft Money.

Die Entwicklung im Bürobereich wird auch in den nächsten Jahren für die Geschäfte von Microsoft von besonderer Bedeutung sein. Microsoft at Work heißt deshalb auch das neue Konzept, das sich zu einem Coup für die Software-Schmiede entwickeln soll. Microsoft at Work soll den Einsatzbereich des Personalcomputers über die normale Nutzung hinaus erweitern und – nach den Vorstellungen von Bill Gates und seiner Entwickler – als Bindeglied zwischen allen Büro-Peripheriegeräten arbeiten. Die neue Software befähigt herkömmliche Bürogeräte wie etwa Fax, Telefon, Drucker und Kopierer zur Zusammenarbeit mit dem Personalcomputer. Telefongespräche werden mit Mausklick vermittelt, es kann direkt von der Festplatte kopiert werden, Faxe werden elektronisch in die Ablage des Computers kopiert ... die Palette der Möglichkeiten ist riesig. Bill Gates nannte diese Art von Software ein »Come-together« von Computern und Büroapparatur. Und ganz im Stil des Hauses forderte er die Hersteller von Bürogeräten zur Mitarbeit auf, da diese ihre Geräte auf die Software ausrichten müssen.

Wieder einmal verfehlte der Name Bill Gates seine Wirkung nicht. Was auf dem Bürosektor Rang und Namen hat, folgte seinem Aufruf: Compaq, Hewlett Packard, NEC, Canon, Telenorma, Minolta, Siemens, Motorola, Toshiba und viele andere wollen fortan Geräte entwickeln, die nach Microsoft-Vorgaben arbeiten. Ein eigenes At-Work-Logo wurde entwickelt, das die Geräte schmücken soll. Der Teufel, der gegen den At-Work-Erfolg arbeitet, steckt jedoch noch im Detail: Viele Einzelheiten der Steuerung stehen noch nicht fest. Es fehlt noch an Käufern für die notwendige System-Software Windows for Workgroups 3.11. Doch das Windows 95 verspricht ja auch, PC-Anschluß für Fax, Telefon, Mobilcomputer und Drucker zu ermöglichen.

VIII. Multimedia und multikulturell

> *»Wir stehen auf dem halben Weg in der Compu-*
> *terrevolution, einer Revolution, die im Begriff*
> *ist, die ganze Welt auf den Kopf zu stellen.«*
> BILL GATES 1993 IN *DIE WELTWOCHE*

Trotz aller Schwierigkeiten, die das Unternehmen Microsoft in den letzten Monaten aufgrund der immer stärkeren Konkurrenz auf dem Personalcomputermarkt zu meistern hatte, wird sich auch in absehbarer Zeit nicht viel an der Dominanz der Software-Schmiede aus dem Nordwesten der Vereinigten Staaten ändern. Bill Gates wird auch weiterhin die Rolle des Mondes für die Computerbranche spielen und für Ebbe und Flut sorgen, er wird weiterhin das Klima bestimmen, das für gutes wie schlechtes Wetter auf dem Markt verantwortlich ist. Und es wird auch fürderhin so bleiben, daß man alle Zahlenangaben – auch die in diesem Buch – über Microsoft in dem Augenblick, in dem sie geschrieben werden, schon wieder nach oben korrigieren müßte, denn das Wachstum der Firma bleibt ungebrochen, verlangsamt sich allenfalls. Dafür, daß all diese Prognosen auch Wirklichkeit werden, wird langfristig nicht das herkömmliche Geschäft auf dem Software-Sektor sorgen, nicht der Kampf um die Anteile bei den Betriebssystem- und Anwenderprogrammen und auch nicht die Marktakzeptanz für das neue Windows 95. Vielmehr sind hierfür Fortschritte in ganz anderen Bereichen nötig, die zwar eng mit der Weiterentwicklung des Personalcomputers zusammenhängen, aber allesamt in die Zukunft weisen und die Anfänge der »kollektiven Gesellschaft« und des »Strebens nach einem kollektiven Geist« begründen sollen. Online-Dienste, CD-ROM, Multimedia und Information-Superhighway sind die Zauberworte, die Bill Gates gelassen ausspricht. Er tut dies in dem si-

183

cheren Wissen, daß es wieder einmal die Software sein wird, die diesen Zauberworten ihre eigentliche Wirkung verleiht. Schon Mitte der achtziger Jahre hat Bill Gates auf diese Zukunftsorientierung der Programme hingewiesen, und es ist wieder einmal frappierend, daß die Worte von damals ihre Gültigkeit heute noch nicht verloren haben:

»Bei der Entwicklung neuer Software müssen heute die Möglichkeiten der Computer von morgen viel mehr einbezogen werden. Wir müssen eine neue Art Software kreieren, ich habe sie einmal ›softer Software‹ genannt. Eine Art Programm, das sich den Wünschen und Ansprüchen der Nutzer von selbst anpaßt. Es wird weitere Textverarbeitungs- und Tabellenkalkulationsprogramme geben, und wir werden uns im Bereich der Netzwerke weiterentwickeln, ebenso bei den Graphikanwendungen und anderen neuen Architekturen. Und die Entwicklung wird hin zur CD-ROM gehen, auf der eine riesige Menge von Daten abgespeichert werden kann.«

Schon damals hatte er auch erkannt, daß sich das Entwicklungstempo im Software-Bereich noch weiter erhöhen werden würde:

»Die Entwicklung in der Software-Industrie geht rasend schnell voran, so daß ich nicht mit allen Entwicklungen Schritt halten kann. Ich arbeite mit den Topleuten von IBM, Apple, DEC und den japanischen Firmen zusammen. Ich muß wissen, was gerade abläuft. Ich kann nicht viel Zeit darauf verwenden, Mutmaßungen anzustellen. Wenn ich irgendwohin fliege und jemand von der Firma dabei ist, reden wir immer viel darüber, was im Augenblick so passiert. Und unser ausgefeiltes E-Mail-System ist ein sehr sinnvolles und effizientes Werkzeug, um mich auf dem laufenden zu halten. Ein weiterer Weg, um *up to date* zu sein, ist der, die aktuellen Personalcomputer zu benutzen und die Manuals der zehn besten Software-Produkte zu lesen, die derzeit auf dem Markt bestimmend sind.

Und mit ihnen zu arbeiten. Jene Produkte ändern sich nicht so schnell, als daß ich mit ihnen nicht klarkommen könnte. Wenn man nicht völlig im dunkeln tappen will, was das Personal Computing anbelangt, sollte man all diese Programme benutzen.«

Selbst die Ziele, die sich Microsoft gesteckt hat, blieben über die letzten zehn Jahre dieselben, ebenso wie die Strategie, sie möglichst schnell und ohne großen Kräfteverlust zu erreichen:

»Unsere Ziele sind sehr einfach. Wir werden eine Software schaffen, die es möglich macht, daß auf jedem Schreibtisch ein Computer steht. Ich weiß nicht, wie lange das noch dauert, zehn Jahre vielleicht – aber das ist nicht mein Job, genaue Zeitrahmen vorzugeben. Microsoft will auch dabei mitmischen, wenn es darum geht, daß diese Maschinen gute Maschinen sein werden. Wir werden für sie eine Software entwickeln, damit man mit ihnen alle wichtigen Anwenderprogramme nutzen kann. Und auch wenn es immer mehr Maschinen gibt, muß unser Blick immer darauf gerichtet sein, daß wir unsere Kräfte bündeln, wir dürfen die Zahl unserer Entwicklungsteams nicht vergrößern. Nur so können wir einen hohen Qualitätsstandard erreichen.«

Die Entwicklung der Microsoft-Software erfolgt dabei immer unter der Parole, die jedem neuen Programmierer, ja jedem einzelnen Mitarbeiter bis hin zum Büroboten eingebleut wird: »*Information at your fingertips.*« Es geht um die leichte Verfügbarkeit von Information, des wichtigsten Gutes im postindustriellen Zeitalter. Wer wie über welche Information verfügen wird, wird in der Zukunft darüber entscheiden, welchen Weg jeder von uns in der Gesellschaft nimmt. Und wird heute noch nach Kategorien wie Arm und Reich unterschieden, so kann es in Zukunft vielleicht sogar entscheidender sein, ob man zu den Uninformierten oder den Informierten gehört. Die Ängste, daß

185

sich dadurch die soziale Schere noch weiter öffnet, sind nicht ganz unbegründet. Doch wir können den Segnungen und den Flüchen des Informationszeitalters nicht mehr entgehen.

Um so mehr erhält der Microsoft-Wahlspruch, der etwas frei als »Information durch ein Fingerschnippen« übersetzt werden könnte, auch die Bedeutung, die Bill Gates ihm zuweist. Er will den Zugang zur Information gerade im Hinblick auf die multimedialen Entwicklungen möglichst einfach und für jeden leicht nachvollziehbar gestalten. Der Computer, Hardware und Software, muß für den einzelnen zu einem Kommunikationswerkzeug gemacht werden, mit dem jeder ohne große Vorbildung hantieren kann. Als kleine Offensive auf dem Hardware-Markt angekündigt, will Microsoft nun eine Tastatur präsentieren, die streng nach ergonomischen Gesichtspunkten entwickelt worden sei. Das Outfit und die Gestaltung des Boards sollen den Neid eines jeden Cybersurfers erregen. Und das richtige Fingertippen für die Information soll nun auch ergonomisch zu einem Ereignis werden. Möglicherweise wird diese Tastatur in Redmond aber nur in dem Bewußtsein entwickelt, daß wir es uns im Multimedia-Zeitalter vor dem Bildschirm möglichst bequem machen sollten, damit die lange Zeit, die wir vor dem Computer verbringen müssen, nicht zu krummen Rücken und verspannten Nacken führt.

Die Diskussion um den Fortschritt von Multimedia und den Information-Superhighway wird aber auf jeden Fall während der nächsten Jahre ein ständiges Thema sein. Bereits jetzt ist eine regelrechte Cyberspace-Hysterie ausgebrochen. Multimedia wird in den neunziger Jahren und darüber hinaus die Welt verändern, und für Microsoft wird Multimedia nach Aussage von Bill Gates »wichtiger als alles sein, was wir bis jetzt gemacht haben«.

Microsoft hat sich schon sehr früh auf Multimedia-Produkte, die über das neue Speichermedium CD-Rom vertrieben werden, konzentriert. Schon Ende 1992 wird Musical Instruments angekündigt, der erste Multimedia-Titel, der in Zusammenarbeit mit Dorling Kindersley in London entstand. Im März 1993 können die Microserfs die erste Multimedia-Enzyklopädie, die »mittels Computer für den Gebrauch am Computer« entworfen wurde, ausliefern. Diese Produkte aus dem Gatesschen Code-Imperium gehören auf dem bislang enttäuschenden Multimedia-Markt zu den wenigen der vollmundig angekündigten Neuheiten, die auch halten, was sie versprechen.

Noch ist Multimedia weit davon entfernt, die Verheißungen einzulösen und tatsächlich eine neue Art der Kommunikation zwischen Mensch *und* Maschine sowie zwischen Mensch und Mensch via Maschine zu ermöglichen. Die Grundidee, die hinter dem Begriff »Multimedia« steckt, ist schnell umrissen: Schrift, Standbild, Film und Musik sowie Sprache sollen in einer einzigen Kommunikationsmaschine vereinigt werden. Der Traum vom vollkommenen Medium.

Schon vor Jahrzehnten wurde im Massachusetts Institute of Technology, dem Thinktank der USA, der Grundgedanke von Multimedia formuliert: die Verknüpfung von Fernseher und Computer. Hinzugekommen sind seither noch die Audio-Medien und die Möglichkeit, den Nutzer interaktiv in das Ganze einzubeziehen. Professor Dr. Klaus Schrape, beim Baseler Wirtschaftsforschungsinstitut *Pro-*

gnos für den Bereich »Medien und Kommunikation« verantwortlich, hat in einer Studie über den Markt für elektronische Medien versucht, eine Definition dieses Begriffes zu formulieren: »Der Multimedia-Begriff findet vor allem Verwendung als Überbegriff für verschiedene technologische Entwicklungen, die zu einer einheitlichen Nutzungsplattform konvergieren und dem Nutzer eine integrierte und interaktive Schnittstelle bereitstellen.«

Interessant ist bei dieser Definition das Wort »interaktiv«, das besagen will, daß diese neue Form von Kommunikation nicht mehr wie Einbahnverkehr verlaufen muß, vom Sender zum Empfänger, sondern daß jetzt die Einbahnstraße zu einer Autobahn, zu einem Highway, ausgebaut wird. Der Sender wird zum Empfänger und der Empfänger zum Sender, die interpersonale Kommunikation entwickelt sich fort zu einer intermedialen Kommunikation zwischen Mensch und Maschine. Multimedia ist die Verbindung von Computern, Telefon und Unterhaltungselektronik zu einem einzigen Kommunikationssystem. Einem System, das Sprache, Bilder und Musik digital aufzeichnen, übertragen, senden und – das ist die eigentliche Revolution – auch empfangen kann.

»Fernsehen ist passive Unterhaltung. Wir würden alles darauf verwetten, daß die Menschen aber nicht passiv, sondern aktiv sein möchten«, schätzt Bill Gates die Wirkung des Wortes »interaktiv« auf den Benutzer der Medien ein. »Sie wollen interagieren, sie wollen zwischen mehreren Möglichkeiten wählen und erwarten von der Maschine auch ein Feedback über das, was sie wirklich gelernt haben. Und sie können sich genau das aussuchen, was sie wirklich wissen wollen. Interaktivität unterscheidet die CD-ROM und damit auch Multimedia vom Fernsehen, bei dem man nur anschalten und beobachten kann.«

Die Digitalisierung von Wort und Bild, das heißt die Übersetzung von elektrischen Schwingungen in die binären Zahlen 1 und 0, sowie die enorme Leistungsfähigkeit der Glasfaserkabel- und Satellitentechnologie, was die Übertragung der binären Codes anbelangt, werden die neue Welt der Kommunikation eng mit der häuslichen Welt verbinden. Information ist via Glasfaser und Satellit – im Augenblick zwar noch in der Theorie – an jedem x-beliebigen Ort der Welt verfügbar. Diese neue interaktive Form der Kommunikation wird in erster Linie aus zwei Inhalten bestehen: der Information und der Dienstleistung. Der freie Zugang zu diesen Inhalten wird darüber entscheiden, ob es zu einer Umstrukturierung der sozialen Schichtung und der Gesellschaft kommen wird. Vergleichbar ist dieser technische Entwicklungsschritt mit der Einführung des Buchdrucks, der die Bildung breiter Schichten der Bevölkerung und letztlich auch die Demokratisierung unserer Gesellschaft erst ermöglichte, und mit der Erfindung der Dampfmaschine und des Telefons, die das Industrie- sowie das Dienstleistungszeitalter eröffneten.

Technisch stellt es schon heute kein Problem mehr dar, durch Glasfaserkabel und Satellit zeitgleich 500 TV-Programme, eine Unzahl von Telefongesprächen und interaktiven Diensten zu übertragen – ein gigantischer, hohe Rendite versprechender Markt. Folglich ist es nicht verwunderlich, daß überall fieberhaft daran gearbeitet wird, das Jahrhundert der Information und der Unterhaltung einzuläuten.

»Was wir uns vorstellen, ist ein Produkt, das sich sehr stark vom Fernseher wie vom Personalcomputer unterscheidet, aber die Vorzüge von beiden in sich vereint. Per Glasfaserkabel wird dem Zuschauer zu Hause bald eine Riesenauswahl von Filmen und TV-Shows angeboten werden, die er sich direkt auf den Bildschirm bestellen kann. Auf dieselbe Art wird er Waren bestellen, sich bei Behörden informieren oder ein elektronisches Lexikon aufrufen können. Bei dieser Vielfalt braucht er aber ein Interface, eine programmierte graphische Benutzeroberfläche, die ihm hilft, das Gewünschte schnell zu finden. Wir haben dafür ein paar Lösungsvorschläge entwickelt mit speziell auf diesen Zweck zugeschnittenen Windows-Programmen, genannt Modular Windows. Das Ziel ist nicht ein verbesserter Fernseher, sondern etwas völlig Neues«, umriß Bill Gates 1993 den Bereich, in dem bei Microsoft intensiv geplant und entwickelt wird.

Er hat das Produktdesign der neuen multimedialen Software damit schon genau abgesteckt. Denn das Endgerät, das multimediagerecht mit einer eigenen Auf- und Abfahrt an den Data-Highway angeschlossen werden soll, benötigt ein Software-System, mit dem man das riesige Kommunikations- und Informationsangebot durchmessen kann und das die Vielfalt übersichtlich strukturiert. Bot Gates im *Spiegel*-Interview noch eher unverbindliche Lösungen an, so wurde mittlerweile bekannt, daß Microsoft unter dem Projektnamen »Cablesoft« schon eifrig und mit einigem Erfolg an diesen Codes bastelt. Dabei sind, laut Bill Gates, auch neue Perspektiven des Personal Computing zu beachten:

»Personalcomputer und die zugehörige Software waren in der Vergangenheit beinahe definitionsgemäß auf persönliche Anwendungen, also solche für den einzelnen Benutzer, beschränkt. Zweifellos sind sie als Mittel zur individuellen Produktivitätssteigerung äußerst nützlich; daneben gibt es aber eine ganze Kategorie möglicher Aufgaben, die bislang weitgehend außer acht gelassen worden sind. Dabei handelt es sich um Tätigkeiten, die ihrem Wesen nach auf Kooperation ausgerichtet sind, weil sie innerhalb einer aus vielen Personen bestehenden Organisation die Kommunikation mit anderen Menschen oder Maschinen beinhalten und den Zugriff auf gemeinsame Ressourcen oder Daten erfordern. Fast jeder, der heute einen

Personalcomputer benutzt, arbeitet innerhalb einer Firma oder Behörde und widmet einen Großteil seiner Zeit der Kommunikation mit anderen. Manche der dabei anfallenden Aufgaben sind für den Computer wie geschaffen – ein Umstand, der vorerst allerdings nicht voll genutzt wird. Der Hauptgrund hierfür ist der, daß es an der richtigen Kombination von vernetzbarer Hardware und geeigneter Software für einen leitungsfähigen binären Standard fehlt, der es der großen Masse von Software-Entwicklern erlauben würde, netzwerkfähige Programme für den gemeinsamen Gebrauch mehrerer Anwender zu schreiben. Wir glauben, daß Personalcomputer, die durch lokale Netzwerke und Vernetzungs-Software im Betriebssystem verflochten sind, diese Lücke bald schließen werden.«

Nicht nur diese Lücke der Kommunikation wird geschlossen werden, es werden auch noch andere Bereiche des Lebens von der neuen Technologie gestaltet und verändert werden. Der Traum von der virtuellen Welt beginnt langsam Formen anzunehmen.

CD-ROM

Noch 1986 war die CD-ROM für Bill Gates die Technologie, die Microsoft »dazu benutzen wird, um die Personalcomputer in jeden Haushalt zu bringen«. Er bezeichnete die flache, silberne Scheibe als »eines der neuen Gebiete, auf die wir uns bei Microsoft konzentrieren wollen«.

Schon damals malte Bill Gates die Möglichkeiten der Compact Disc in den schillerndsten Farben: »CD-ROM ist etwas total anderes als die sonstigen Anwenderprogramme von Microsoft. Wir hoffen, daß es mit der CD-ROM irgendwann einmal möglich sein wird, eine Landkarte der Vereinigten Staaten auszuwählen, irgendwohin zu klicken, das Zoom zu betätigen und dem Computer den Befehl zu geben, alle Hotels in der Gegend abzuchecken. Und dann wird einem das Programm eben dies erzählen. Und wenn man sich in der Enzyklopädie auf CD-ROM befindet und auf das Symbol für Beethovens Symphonien klickt, wird der Computer die Musik spielen. Das ist eine völlig neue Anwendung und hat nichts mit Programmen wie Textverarbeitung oder Tabellenkalkulation zu tun. CD-ROM-Programme werden eine Vielzahl unterschiedlicher Probleme lösen. Ähnlich wie die anderen neuen Medien wird es sich direkt in den Wettstreit mit den alten Medien begeben, es ist ein kompetitives Medium. Die Frage für uns muß nur heißen: Wie können wir es schaffen, unsere Programmierfähigkeiten so einzusetzen, daß wir bessere Anwendungsmöglichkeiten für die CD-ROM schaffen als jeder andere? Das erfordert eine im Grundsatz völlig neue Denkweise. Es ist kein Markt für Programme, die wir bereits gemacht haben. Es ist aber ein Markt, auf dem unser Know-how uns hoffentlich erlauben wird, etwas Neues zu kreieren und auch anzuwenden. Und es muß etwas Neues sein. Es genügt nicht, einfach nur mehrere Zeitungen auf CD-ROM zu übertragen. Das werden mit Sicherheit viele tun, aber wir wollen dies nicht, das ist in keinerlei Hinsicht spannend. Wir glauben wirklich daran, daß CD-ROM-Maschinen über kurz oder lang in jedem Auto und in jedem Haus zu finden sein werden. Einige der CD-Anwendungen klingen wie Zukunftsmusik. Aber wie oft werden neue Medien erfunden? Fast nie: Video ist kein neues Medium, es ist nur eine verzögerte Übertragung des Fernsehprogramms; sonst gibt es da keine großen Unterschiede. Interaktive Videos haben eine Chance, sich zu einem neuen Medium zu entwickeln, aber es wird ein Grenzfall sein. Compact Discs sind eine erneute Weiterentwicklung, und wir werden sie besser machen als die interaktiven Videos.«

Heute gilt die CD-ROM als fast unerschöpfliches Speichermedium und als Schrittmacher für die multimediale Entwicklung. Durch die Compact Disc hat man Möglichkeiten geschaffen, integrierte Programme auf den Bildschirmen der Computer und Videogeräte ablaufen zu lassen. Die enorme Speicherkapazität einer einzigen Disc von im Schnitt 600 Megabyte – was etwa 1500 Exemplaren des vorliegenden Buches über Bill Gates entspricht – eröffnet für Macher und Anwender gleichermaßen neue Möglichkeiten:

»Wenn man heute einen Computer kauft und dann ein gutes Lernprogramm haben möchte, stellt man schon bald fest, daß der Lernprozeß nicht sehr effektiv ist und nur schleppend und nicht allzu weit vorangeht. Die Zahl der nützlichen Antworten und die verschiedenen Variationsmöglichkeiten sind fast gleich null, und die Methode, wie das Programm die Wirklichkeit simuliert, ist unbefriedigend. Mit der ungemeinen Speicherkapazität der CD-ROM kann man aber genau das realisieren.«

Allein der Effekt, den die CD-ROM im Lernsoftwaremarkt hat, zeigt die Chancen auf, die sich für den multimedialen Anwendungsbereich ergeben.

»Wir leben in einer Welt der wirtschaftlichen Konkurrenz. Mit Lernsoftware werden wir in direkte Konkurrenz mit den Zeitungen und Zeitschriften, mit Büchern und Fernsehen treten. Die Software-Programme, die wir heute verkaufen, sind noch lange nicht mit den anderen Medien im Wettstreit.«

Die CD-ROM ermöglicht diesen Wettstreit mit den anderen Medien. Es eröffnen sich dadurch nicht nur für Microsoft ungeahnte Möglichkeiten, obwohl die CD-ROM strenggenommen nichts als ein Speichermedium ist. Eigentlich hat die CD-ROM-Technologie auch eher die Eigenschaften einer Publikation als die Merkmale von Software. Die Compact Disc ist aber ein besonderes Speichermedium: das des Multimedia-Zeitalters. Doch Bill Gates, den Software-König, scheint diese Produkterweiterung seines Unternehmens nicht zu stören. »Wir fassen den Begriff Software relativ weit. Es kann durchaus Publikationen geben, die wir dennoch als Software bezeichnen. Es handelt sich dann gewissermaßen um Software mit Inhalten. Es ist ohnehin so, daß die meiste Software heute auch Inhalte bietet. Unsere Textverarbeitung enthält zum Beispiel ein Wörterbuch zur Rechtschreibung sowie einen Thesaurus; da sind mehr Bits Inhalte als Code.«

Auf die Frage, ob Microsoft in zehn Jahren mehr CD-ROM-Titel als Software verkaufen werde, antwortet Bill Gates in dem *Chip*-Interview:

»Die Trennlinie ist ja schwer zu ziehen. Eine CD-ROM ist ein Medium, auf dem jede Menge Bits in willkürlicher Reihenfolge gespeichert sind. Was ist da Software, was sind Inhalte? Unsere Software wird mehr und mehr inhaltsorientiert sein. Wir sind zum Beispiel das größte Enzyklopädie-Unternehmen in den USA, durch nur ein einziges Produkt. Es ist kein Geheimnis, daß wir eine Art Verlag im Sinne dieses Wortes sind. Unser größtes Busineß wird aber die klassische Software sein. Microsoft Office oder auch Windows sind unsere wichtigsten Umsatzträger.«

Zu den erfolgreichsten CD-ROM-Herstellern muß Microsoft mit seinen Produkten bislang allemal gerechnet werden. Die Art Gallery und Musical Instruments bieten viel und sind schon zu Klassikern der CD-ROMs geworden. Art Gallery beispielsweise führt via Computer durch die elektronische Simulation der Londoner Nationalgalerie, die über 2000 verschiedene Werke klassischer Kunst beherbergt, und der virtuelle Besucher kann die Sammlung auf verschiedenen Wegen erkunden. Der Stand der Technik, die Microsoft einsetzt, ist bislang auf dem CD-ROM-Markt noch nicht allzu oft erreicht worden. Ein besonderes Bonbon bietet Musical Instruments, das überdies den akustischen Sinn des Benutzers anspricht. Das Fazit muß bei beiden CDs heißen: Sie sind zwar nur eingeschränkt interaktiv, das allerdings perfekt.

Das amerikanische Marktforschungsinstitut Dataquest geht davon aus, daß bis Ende 1994 weltweit über 17 Millionen CD-ROM-Laufwerke verkauft worden sind. Damit sind aber schon 20 Prozent aller Personalcomputer multimediafähig – das Offline-Multimedia aus der eigenen Kiste boomt und ist zweifelsohne der erste große Schritt in die große, virtuelle elektronische Online-Multimedia-Welt.

Ein nächster Schritt in diese Richtung wird der sprechende und hörende Personalcomputer sein, der den Benutzer die Tastatur und die Maus als Kontaktwerkzeug zum Computer vergessen läßt. Microsoft hat auch für diese Möglichkeiten des Personalcomputers den ersten Grundstein bereits gelegt: Das Sound System besteht aus einer

Personalcomputer-Karte, die auf die Hauptplatine des Motherboards aufgesteckt wird. Die Karte lehrt quasi den Computer das Sprechen, und der Personalcomputer wird obendrein noch akustisch aufgerüstet. Daß diese Technik noch in den Kinderschuhen steckt, wird einem schnell klar, wenn der so ausgestattete Computer mit blecherner Stimme fast unverständlich vor sich hin schnarrt. Bislang tut er das auch nur, wenn der Benutzer einen Befehl falsch eingibt, und weist dann rüde auf diesen Fehler hin. Besonders sympathisch wird einem der Platinen-Kamerad dadurch aber nicht.

In den USA wird das Sound System, das ebenfalls unter Windows läuft, zusammen mit mehr als 15 Programmen für das Büro angeboten. Ein weiterer Gag der Redmond-Tüftler ist der Zusatz mit dem Voice Pilot. Der funktioniert ähnlich wie das Sound System, jedoch in die andere Richtung: Mit ihm können Befehle direkt an den Computer weitergegeben werden. Plötzlich versteht der seinen Benutzer, und die interpersonale Kommunikation zwischen Mensch und Maschine funktioniert.

»Die Eingabe in gesprochener Form und das Erkennen handschriftlicher Texte stellen eine neue Herausforderung dar. Zugleich bieten sie die Chance zur Entwicklung von Benutzerschnittstellen, die weit über bloße Graphik hinausgehen. Paradoxerweise ist die Hauptschwierigkeit dabei nicht, die gesprochenen oder geschriebenen Wörter zu erkennen, sondern sie zu verstehen. Die Crux bei der Verarbeitung natürlicher Sprache liegt in deren Ungenauigkeit – meist verlassen wir uns in hohem Maße auf den gesunden Menschenverstand unseres Gesprächspartners«, umriß Bill Gates 1989 die Schwierigkeiten. Und die technischen Probleme erwiesen sich bis heute als so groß, daß der Fortschritt über die obengenannten Anfänge nicht hinauskam. Ebenso wie der sprechende Personalcomputer soll auch der Schreibstift-Computer die Berührungsängste vermindern und den Nutzungsgrad erhöhen. Diese ganze Errungenschaft ist allerdings nur dann sinnvoll, wenn es dem lesenden Computer gelingt, unterschiedliche Handschriften zu entziffern. Das aber ist für ihn fast noch schwieriger, als die Stimme seines Herren zu identifizieren.

Bill Gates hält diese Entwicklung nicht zuletzt auch deshalb für sehr kompliziert. Der Schreibstift-PC sei »in einer sehr, sehr frühen Entwicklungsphase. Es gibt viele Leute, die sich mit der Entwicklung solcher Maschinen beschäftigen. Das ist kein einfaches Problem, wir brauchen dafür bessere Hardware und bessere Software. Ich glaube aber, daß wir im Laufe der nächsten Jahre dahin kommen werden, daß die meisten Personalcomputer über Handschriften-Erkennung verfügen.«

Der Computer kann sprechen, er kann hören, er kann lesen und in Zusammenarbeit mit einer Videokamera bereits jetzt auch sehen. Das einzige, was noch fehlt, ist das Denken. Doch auch beim Denken wird sich der Computer in der Zukunft als lernfähig erweisen. Von »künstlicher Intelligenz« spricht man, wenn der Chip-Träger eigene Überlegungen anstellt, was durch die Chaostheorie und durch Fuzzy Logic möglich werden soll. Bill Gates:

»Auf lange Sicht wird die künstliche Intelligenz eine wichtige Rolle bei den Benutzeroberflächen für Personalcomputer spielen; denn wenn Piktogramme und Spracheingabe die Barriere zwischen Mensch und Maschine auch so weit abbauen, daß der Benutzer seine Wünsche problemlos äußern kann, so helfen sie ihm doch nicht, das Richtige zu verlangen. Wer heute bei irgendeinem Problem nicht weiterweiß, fragt einen Experten um Rat oder heuert ein Spezialistenteam an. Dies wird im übertragenen Sinn auch bald mit intelligenten Beratungsprogrammen möglich sein: Sie werden Ratschläge für bestimmte Anwendungen geben, Fehler feststellen, helfen, bevor diese auftreten, und Alternativen vorschlagen oder Warnungen geben wie ein Mensch, der einem anderen über die Schulter schaut. Viele Aufgaben, die heute manuell verrichtet werden müssen, werden sie automatisch oder halbautomatisch erledigen.«

Jedoch fehlt dem digitalen Freund noch etwas sehr Entscheidendes: das Gefühl. Er wird auch in absehbarer Zeit keinen Schmerz spüren, wenn er von seinem Benutzer mit falschen Eingaben und Ignoranz traktiert wird. Aber er wird seinem Benutzer in absehbarer Zukunft den Einstieg in die Gefühlswelten des Cyberspace ermöglichen – als Schleusenwärter digitalisierter Emotionen.

Um all diese Ziele zu erreichen, hat sich in den letzten vier Jahren die Computerbranche heftig bewegt. Vieles, was jahrelang als gesichert galt, hatte von heute auf morgen keinen Bestand mehr. Die Umsätze und Marktanteile sind in Bewegung geraten, und die Bereitschaft, auch über den eigenen Tellerrand zu schauen, nimmt zu. Das Zeitalter der strategischen Allianzen ist angebrochen. IBM schließt sich mit Apple und Motorola zusammen und will dem Power-PC das Laufen beibringen. Apple ist mit den ersten Chips aus dieser Zusammenarbeit schon auf dem Markt, bei IBM gehen die Uhren noch ein wenig nach. »Big Blue« hält immer noch keine Power-PCs für die Käufer bereit, und obwohl die Zusammenarbeit zwischen den zwei größten Hardware-Herstellern bereits seit 1991 – nach eigenen Angaben – »floriert«, haben sie immer noch kein gemeinsames Betriebssystem entwickelt. Zumindest haben sie sich schon einmal auf eine technische Plattform, die Kompatibilität ermöglicht, geeinigt. Das heißeste Gerücht in diesem Zusammenhang: IBM wird sich an Apple beteiligen. Das würde die Software- und die Hardware-Branche noch einmal tüchtig durcheinanderwirbeln, sollte etwas Wahres daran sein. Aber bevor es zu dieser Elefantenhochzeit kommen kann, müßten erst einmal beide ihren Stolz überwinden – zu schweigen von den strengen Bestimmungen der US-Kartellbehörden, die eine fast unüberwindliche Mauer darstellen. Eine Mauer, die sich für Bill Gates – im Vergleich zu IBM und Apple wegen einer »Lappalie« – auch schon als sehr hinderlich erwiesen hat.

Bislang kam Gates bei den Untersuchungen der Federal Trade Commission (FTC) noch relativ ungeschoren davon. Noch blieb es beim bloßen Verdacht, daß Microsoft gegen die kartellrechtlichen Bestimmung verstoße. Und noch hat Bill Gates von der Clinton-Administration, die ihm sehr gewogen scheint, nichts zu befürchten. Bei einem Besuch der deutschen Niederlassung im Jahr 1993 erklärte Gates: »Die FTC-Prüfer haben sich bei uns überzeugt, daß unser Erfolg von der Leistung unserer Mitarbeiter abhängt und nicht vom bereits erreichten Marktanteil. Die treibt doch nur die Angst, daß ich auf einem Markt, den es vor 20 Jahren noch gar nicht gab, nun eine Monopolstellung einnehme.«

Bill Gates hat sich durch die Drohungen der Behörden nicht einschüchtern lassen. Bei fast allen Allianzen sitzt er wie die Spinne im Netz.

Entweder lassen sich die großen Firmen auf die Vorgaben von Microsoft ein, oder sie versuchen, Kooperationen gegen Microsoft zu bilden. Alles scheint sich um die neuen Medien und um Microsoft zu drehen. Das Netz von Bill Gates ist inzwischen schon so eng gewoben, daß man sich automatisch darin verfängt. Manchmal ist es auch wie beim Hasen und beim Igel; der Igel war oft schon vorher da. So kann die technische Plattform von IBM und Apple schon von Windows NT genutzt werden, und auch Windows 95 soll auf beiden Plattformen funktionieren – auf Intel-Prozessoren oder auf den Geräten der Dreierallianz Apple, IBM und Motorola. Nur bei OS/2 Warp ist der Igel Microsoft noch nicht am Ziel, aber der Hase sollte trotzdem vorsichtig bleiben.

Während die anderen ihre Allianzen noch überwiegend auf dem Personalcomputer-Markt knüpfen, richtet Bill Gates schon alles auf den neuen Markt der Online- und Offline-Multimedia-Produkte aus. So konnte der Microsoft-Gründer im Juni 1994 in diesem Sinne etwas sehr Positives vermelden: die Zusammenarbeit mit Softimage aus Kanada. Bill Gates tauschte 2,69 Millionen Aktien gegen Softimage-Aktien ein. Wahrscheinlich schon mittelfristig ein sehr gutes Geschäft, denn Softimage ist der führende Entwickler von leistungsstarker Computeranimations- und Visualisierungs-Software. Und nichts ist bei Multimedia wichtiger als Programme, die – ähnlich wie einst das Lichtbild im Kinofilm – das Laufen lernen. Animation und Visualisierung werden die Beigaben sein, die den Käufer von Multimediaprodukten überzeugen.

Was die Allianzen betrifft, hat sich Bill Gates' Strategie allerdings etwas geändert. Das Motto »If you can't beat them, buy them« – »Wenn du die Konkurrenz nicht schlagen kannst, kaufe sie auf« – muß seit Ende 1994 noch mit dem Zusatz »Koste es, was es wolle« versehen werden:

Die Microsoft Corporation in Redmond hat die amerikanische Finanzsoftware-Firma Intuit in Menlo Park, Kalifornien, übernommen. Kostenpunkt des Deals: 2,3 Milliarden Mark. Die eigene Software-Entwicklung Money mußte im Gegenzug an die Firma Novell abgegeben werden, um kartellrechtlichen Bedenken zu begegnen.

Intuit ist in den USA vor allem durch ihr Programm Quicken bekannt geworden. Innerhalb kürzester Zeit haben die Intuit-Leute mehr als sieben Millionen Exemplare dieser Software absetzen können. Ein Erfolg, der Maßstäbe setzt, an denen wiederum das eigene Kontoführungs-Produkt von Microsoft – Money – kläglich scheiterte. Money blieb nur mäßig erfolgreich und auch technisch etwas zurück. Für Bill Gates stellte diese Niederlage keinen Grund dar, lange mit seiner Software-Abteilung zu hadern und sie zu noch größeren Leistungen anzutreiben. Er schwenkte einfach auf eine andere Strategie um: Was mich stört, muß ich bekämpfen oder zu meinem Freund machen. Der Aufkauf des Finanz- und Buchhaltungs-Software-Spezialisten ist so zu seinem bislang größten Coup geworden.

Der Superlative damit noch nicht genug: Die über zwei Milliarden Mark – genau eineinhalb Milliarden US-Dollar –, die für diesen Deal den Besitzer wechselten, stellen alles in den Schatten, was jemals im Software-Geschäft für eine Übernahme bezahlt wurde – eingeschlossen die letzten Coups, die Adobe/Aldus- und die Novell/WordPerfect-Übernahme. Was mag den Taktiker und Instinkt-Wirtschaftler Gates bewogen haben, den mit 200 Millionen US-Dollar Umsatz nicht allzu großen Konkurrenten für so viel Geld zu schlucken? Noch dazu, wo man das eigene, gar nicht so schlechte Programm Money auch noch an den Konkurrenten Novell verkaufen mußte?

Zum einen: Novell wird das Microsoft-Programm wahrscheinlich gar nicht über den Markt vertreiben, denn Novell will Money eigentlich nur in ein US-Programm für Steuererklärungen integrieren. Ist diese Spekulation richtig – und davon ist auszugehen –, hat »Microsoft-Quicken« eine Quasi-Monopolstellung, und die beiden Konzerne haben so über das Konkurrenzdenken hinaus dem US-amerikanischen Anti-Trust-Gesetz ein Schnippchen geschlagen. Doch der andere Grund ist wahrscheinlich wichtiger: Bill Gates setzt seine großen Hoffnungen auf das Electronic Banking, auch Telebanking genannt. Denn Telebanking wird den Benutzer nicht nur in die Lage versetzen, unabhängig von der Uhrzeit den Kontostand abzufragen, Geld zu überweisen, Börsengeschäfte abzuwickeln oder individuelle Anlageberatung wahrzunehmen. Über den Dienst des Telebanking sollen auch der ganze Haushalt, das Unternehmen und alles, was damit zusammenhängt, finanztechnisch abgewickelt werden. Das wiederum hat einen ungeheuren Anreiz für die Konsumenten, vor allem im Home-Bereich, und bedeutet, daß das Telebanking zu einer der wichtigsten Auffahrten zur Datenautobahn wird – und Bill Gates sitzt jetzt bereits im Mauthäuschen.

»Nicht die Interaktion mit dem Pizzaservice um die Ecke noch das Video on demand, sondern allein der digitalisierte Bankverkehr wird es schaffen.«

Alles, was Bill Gates im Augenblick anpackt, hat auf irgendeine Weise mit Multimedia oder der Datenautobahn zu tun. So muß man auch die Gerüchte verstehen, daß Bill Gates bereits zu den Investoren zähle, welche die Pläne von Steven Spielberg, Musik- und Filmproduzent David Geffen und dem Ex-Disney-Manager Jeffrey Katzenberg – unter dessen Ägide der letzte große Disney-Film »Der König der Löwen« zum Kassenschlager im Kino und an den Wühltischen wurde – finanzierten. Die drei wollen ein eigenes Studio nur für Film, Musik und Multimedia gründen. Sie wollen nach eigenen Aussagen den »kreativen Schwung und den Traum der alten Hollywoodstudios wieder aufleben lassen«. Gates soll einen Löwenanteil der zwei Milliarden Dollar investieren, und die Gerüchte behaupten hartnäckig, daß die Columbia-Studios und die MCA-Universal-Studios bereits als möglicher Ort der Verwirklichung dieser Kinovision zur Verfügung stehen.

Das wäre ein weiterer wichtiger Teil im Multimedia-Puzzle von Bill Gates: das Infotainment, die Mischung aus informativen, unterhaltsamen und werblichen Elementen, wenn möglich unter der interaktiven Mitwirkung des Zuschauers. Somit könnte auch der lange gehegte Traum von Gates, die Verbindung von Computer und Spaß, dank Multimedia zur Realität werden. Mit »Tiger«, der neuen Video-Software, die über Telefon und Kabelnetze digitalisierte Filme in die Wohnzimmer bringen kann, hat er auch schon eine passende Software-Lösung an der Hand.

Sollte Gates sich zu dem Schritt entschließen und die Studiopläne verwirklichen, dann hängt dies sicher auch mit der Einschätzung zusammen, die er vor kurzem in einem Interview äußerte:

»Zweifellos bedeutet die Computerrevolution eine Herausforderung für die großen Fernsehgesellschaften. Die haben ja lange davon profitiert, daß es nur eine begrenzte Anzahl von Kanälen gab, so daß sie große Teile des Publikums gut im Griff hatten. Die technische Möglichkeit, selbst auszuwählen, wird die TV-Industrie, aber auch die Filmindustrie grundlegend verändern. Schon das Kabelfernsehen mit seinen fast 500 Programmen hat dazu geführt, daß die meisten US-Fernsehgesellschaften in den vergangenen Jahren viel Geld verloren haben.«

Im großen Multimedia-Geschäft mitzumischen erfordert nicht nur Spezialistentum in einem Bereich. Man muß sich überdies, und das versteht Gates meisterhaft, frühzeitig nach Kooperationspartnern umtun und durch den Zukauf von Know-how von Konkurrenten unabhängig machen.

So ist die Bildbearbeitung für Multimedia-Produkte schon seit langem ein wichtiger Entwicklungszweig von Microsoft, und Bill Gates selbst arbeitet – neben Steve Jobs und Intel-Boß Andrew Grove sowie Apple-Chef Michael Spindler – auch im Thinktank von Eastman Kodak mit. Ihr gemeinsames Ziel: Fotos in den Computer einzuspeisen und sie in digitale Netzwerke einzuschleusen. Kodak hofft hierdurch das erfolgreiche Kerngeschäft – die Fotografie – mittels digitaler Technik und Kooperationen wieder ausbauen zu können. Und Bill Gates ist seinem optimalen Multimediaprodukt wieder ein gutes Stück näher gerückt. Denn auch der Anteil an Standbildern wird bei Multimediaprodukten eine wichtige Rolle spielen – wie schon Art Gallery in imposanter Manier bewiesen hat.

Auch die Unterhaltungselektronik wächst immer mehr mit der Computertechnik zusammen. In den nächsten Monaten und Jahren stehen gerade im TV- und Videosegment vielfältige Entwicklungen für das Heimkino, den Dia-, den Videoapparat und für die neuen Informationsdienste – im wahrsten Sinne des Wortes – ins Haus.

Selbst vor der Alltagselektronik machen der Computer, die Software und letztlich auch Bill Gates nicht halt. Zusammen mit dem großen Elektrokonzern General Electric arbeitet Gates an Windows-Programmen für Haushaltsgeräte. Unter dem Projektnamen »Utopia« entstehen hier wahrscheinlich Piktogramme und Netzverbindungen der Windows-Software, die auf Mausklick den Kaffee wärmen und den Toaster kontrollieren. Man ruft abends das Multimedia-Kochbuch auf, sucht sich aufgrund der ansprechenden Bilder und leichten Erklärungen den Menüvorschlag für den nächsten Tag heraus und schickt ihn an das windowsgesteuerte Programm ab. Selbständig berechnet der Computer daraufhin die Zutaten – bezogen auf die gewünschte Personenzahl – und gibt diese Daten per Modem an den Zentralrechner des Supermarktes weiter. Der wiederum steuert die Zentralrechenanlage des Lagers und den manuellen Roboter, der in Windeseile die Zutaten für das Abendmenü aus den Regalen holt und in eine Tüte packt, die kurz darauf vom Kurierdienst des Supermarktes ausgeliefert wird. Der Kunde kann die genau portionierten Zutaten dem Küchencomputer anvertrauen, der seinerseits über das Multimedia-Kochbuch gesteuert wird. Zur gleichen Zeit arbeitet der Homecomputer, dem der Befehl »20:30 Uhr Candle-Light-Dinner« eingegeben wurde, an der Einrichtung der Unterhaltungselektronik: Auf der Videobildwand tauscht er das Panoramabild von New York gegen ein Bild von Chagall aus, um Punkt 20:30 Uhr wird das Licht im Speisezimmer automatisch per Computer gedimmt, und per Zufallsgenerator wählt der CD-Turm romantische Musik aus.

Utopisch? Rein theoretisch ist das alles bereits machbar, in der Praxis allerdings fehlen noch ein paar Kleinigkeiten, insbesondere die Vernetzung der einzelnen Geräte und der verschiedenen Anwender mittels Data-Highway.

Bislang werden zur Datenübertragung mehrere Wege genutzt. So existieren neben dem Mobilfunk der klassische Weg über Kupfer- und Glasfaserkabel, die Satellitenübertragung, die Infrarotsignale und die alten Funknetze. Die Datenkomprimierung durch die Digitalisierung von Information ist jedoch die wichtigste Voraussetzung für den schnellen, weltweiten und grenzenlosen Datentransport. Highway-gerecht verpackt, liefert das sogenannte ATM – »Asynchronus Transfer Mode« – die Daten. Noch gibt es weltweit verschiedene Standards, nach denen digitale Information verschlüsselt und dechiffriert wird. ATM soll nun einen einheitlichen Standard setzen: Die Zellen der digitalen Information werden in gleich lange Sequenzen getrennt, wobei für eine Sequenz 53 Bytes vorgesehen sind, davon 48 für die eigentliche Information. Sollten sich alle Länder und alle Firmen weltweit auf diesen Standard einigen, wären dem internationalen Informationsfluß keine nationalen Grenzen mehr gesetzt – ein wichtiger Schritt zur Verwirklichung von Gates' Vision des »globalen Dorfes«.

Die herkömmlichen Kupferkoaxialkabel, noch in der klassischen Baumstruktur verlegt, und die um ein Vielfaches leistungsfähigeren, durch ihre Sternstruktur flexibler nutzbaren Glasfaserkabel werden auf lokaler und regionaler Ebene die Grundstruktur der Datenautobahn bilden. Im globalen Zusammenhang werden die Satellitennetze zu Bindegliedern der weltweiten Kommunikation werden.

»Weltweite Kommunikation« – wieder ein Stichwort für Bill Gates: Zusammen mit dem zweiten Jungmilliardär aus Seattle, Craig McCaw, dem ehemaligen Inhaber des größten amerikanischen Mobiltelefonnetzes, der 1993 seine Telefongesellschaft für fast 13 Milliarden Dollar an AT&T verkauft hat, investiert er in ein Projekt namens Teledisc, das genau diese weltweite Kommunikation zum Ziel hat. Im Rahmen von Teledisc sollen in den nächsten sieben Jahren 840 Satelliten auf eine erdnahe Umlaufbahn ins All geschossen werden – das hört sich nicht nach allzu viel an, stellt aber doch die doppelte Menge aller heute aktiven Satelliten in Erdumlaufbahnen dar. Über 800 Satelliten, die ein flächendeckendes, weltweites Kommunikationsnetz kreieren sollen. Aus rund 700 Kilometern Höhe wird man rund 95 Prozent der gesamten Erdoberfläche abdecken können:

»Was uns vorschwebt, ist ein drahtloses Internet. Ich habe in dieses Vorhaben investiert, aber es wird noch lange dauern, und es gibt jede Menge Risiken, doch wir werden sehen, ob sie es schaffen«, schätzt Bill Gates die Zukunftsaussichten für Teledisc ein.

McCaw stößt ins gleiche Horn: »Der universelle Zugang zu den Medien war stets ein Kernstück der amerikanischen Telekommunikationspolitik, und diese Vision wollen wir nun auf alle Weltbürger ausdehnen.«

Immerhin lebt auch heute noch die Hälfte der Weltbevölkerung mehr als zwei Stunden vom nächsten Telefon entfernt. Gates träumt von der total elektronisch erfaßten Welt. Der letzte Eskimo in seinem Iglu und der hinterwäldlerischste Einsiedler in seiner Kate sollen zumindest die Möglichkeit bekommen, eine eigene Auffahrt zu dem Daten-Highway zu erhalten.

Sollte dieses Supernetz funktionieren, so könnten die Bürger in den abgelegensten Winkeln der Welt alle Dienstleistungen der Telekommunikation nutzen. Überdies wäre die Materialität der unterirdisch verlegten Glasfaserkabel damit aufgehoben, ähnlich wie dies bereits im TV-Bereich durch den Einsatz von Satellitenanlagen erreicht wurde – der Data-Highway wäre dann keine Informationsautobahn mehr mit Randbegrenzungen, Seitenstreifen und Leitplanken, sondern ein schrankenloser immaterieller Verkehr, umgelenkt nur durch die Spiegel und Antennen der Empfangs-, Sende- und Satellitenanlagen.

Das Vorhaben der beiden Jungmilliardäre hört sich total

irrsinnig an, zumal es von Motorola bereits ein zwar etwas kleineres, aber funktionierendes Satellitensystem mit 66 Telekommunikationssatelliten gibt. Daher werden nicht allzu viele Investoren bereit sein, auf ein weiteres System zu setzen. Noch dazu, wenn das andere System um Unsummen teurer und nur mit höchsten finanziellen Anstrengungen zu betreiben ist. Auf den Märkten der Dritten Welt, die Motorola nicht abdeckt, wird auch für Teledisc nur wenig wirtschaftliche Substanz zu holen sein. Dort läßt sich mit Sicherheit nicht das Geld verdienen, um die hohen Investitionskosten zu amortisieren. Aber so irrsinnig sich das alles anhört, so wenig selbstmörderisch sind Gates und McGaw. Sie investieren mit ihrem bei anderen Investoren guten und erfolgversprechenden Namen und allenfalls mit ein paar Millionen Dollar. Bill Gates steckt sogar weniger eigenes Geld in das Vorhaben, als sein Wohnsitz am Lake Washington kosten wird. Kleingeld also für einen Milliardär, der sich so eine Vision leisten kann, und wenn es klappt ...

In der Luft ist Microsoft – zumindest was das Projekt angeht – ebenfalls der Größte. Bleiben nur noch die lokalen und regionalen Gebiete des Information-Superhighways: Die *Funkkorrespondenz* meldete am 31. März 1994, daß der Welt größte Anbieter von Software die Microsoft Corporation aus Redmond zusammen mit der Tele Communications Inc. (TCI), dem mächtigsten Kabelkonzern in den Vereinigten Staaten, ein Fernsehprogramm ausstrahlen will, das sich ausschließlich mit Computertechnik- und Handhabung beschäftigen will. Microsoft bringt das technologische Know-how mit und TCI die Erfahrung bei den elektronischen Medien. Der Sender soll bereits 1995 den Betrieb aufnehmen. Kenner der Szene vermuten dahinter nicht nur einen wichtigen Support-Bereich, also die Unterstützung und den Service für die Kunden von Microsoft-Produkten, sondern auch schon den ersten Schritt von Bill Gates zur Produktion von Sendungen für den weltweiten Start eines interaktiven Online-Systems. In einer ersten Definition des Sendeformats wies Microsoft darauf hin, daß die große Palette computerorientierter Programmbestandteile von Nachrichten- und Informationssendungen bis zu Trainingsprogrammen zur Handhabung von Computer- und Software-Produkten reicht. Auch an Computerklassen und Home-Shopping werde bereits gedacht.

Die Konkurrenz beäugt das Engagement von Microsoft und TCI äußerst mißtrauisch, obwohl allerorten in Redmond versichert wird, daß das Programm nicht nur Microsofts eigene Produkte, sondern auch Informationen über alle Computersysteme verbreiten werde. So ganz darf man den Versicherungen aus dem Hause Microsoft aber nicht trauen, denn die Chancen, die der Sender in sich birgt, sind gewaltig, betrachtet man das Potential von Kunden, die sich bereits ein Microsoft-Programm gekauft haben und auf diesem sehr einfachen Weg beraten und betreut werden können. Dazu kommen noch die anderen Kunden, die über das Programm für Microsoft-Produkte interessiert werden können.

Ein weiterer Schachzug von Bill Gates lief in den USA fast unbemerkt ab: Die deutsche Telekom und Microsoft schlossen Ende 1994 eine strategische Partnerschaft. In einem sogenannten »memorandum of understanding« haben beide Partner in den Bereichen Entwicklung und Produktgestaltung sowie bei Marketing und Vertrieb angekündigt, den europäischen und deutschen Markt aufzurollen. Am 21. Oktober unterzeichneten Bill Gates und Horst Gellert das Memorandum: Ziel ist die Schaffung einer Plattform auf der Basis der Windows-Architektur für folgende Multimedia-Dienste: Teleworking, Video- und Dokument-Konferenzen, Online-Informationsdienste. Sie sollen mit der Software von Microsoft über das flächendeckende ISDN-Netz (Integrated Services Digital Network) der Telekom sowie durch die künftige Infrastruktur verteilt werden. Bei der Telekom vermuten Branchenkenner die Angst, nach dem Verlust des Monopols durch den europäischen Binnenmarkt an Einfluß zu verlieren. Zumal ja auch Microsoft mit dem hauseigenen Net startet und damit immerhin das Datex-J-Netz in Gefahr bringen könnte. Bill Gates wiederum hat mit dieser Kooperation den OS/2-Träumen von IBM und auch denen der großen Computer-Ketten in Deutschland ein Schnippchen geschlagen. Und er besorgte sich wertvolles Know-how: Denn die deutsche Telekom ist mit einem Glasfaserkabelnetz von über 80 000 Kilometern Länge der technisch versierteste Glasfasernetz-Betreiber der Welt. Das kann noch großen Nutzen für Microsoft bringen.

Jeder einzelne Schachzug von Bill Gates wird von der gesamten Szene kritisch geprüft und nach allen Seiten hin gedreht und gewendet: Was könnte nur hinter diesem und jenem stecken? Setzt man die ganzen Teile des Gatesschen Puzzelspiels zusammen, läßt sich eine sehr zielgerichtete Taktik hinter seinen Aufkäufen und Partnerschaften erkennen.

Der Kampf um die beste strategische Ausgangsposition für den neuen Markt Multimedia und die Datenautobahn ist schon seit Monaten in vollem Gange: Weltweite Fusionen, Allianzen und Joint-Ventures werden geschmiedet, um internationale Standards und Entwicklungsplattformen zu kreieren. Die neuen digitalen Märkte werden geschaffen, bestehend aus Dienstleistungen, Information und Unterhaltung. Dort und bei den leistungsfähigen Kommunikationsnetzen werden die Märkte der Zukunft liegen – und diese Märkte werden auch zentrale Faktoren sein im internationalen Standortwettbewerb.

Um Microsoft hat sich bereits jetzt ein illustrer Kreis von Unternehmen gebildet, die gemeinsam mit Bill Gates den

Bus in Richtung Datenautobahn bestiegen haben: Hewlett Packard, Olivetti, General Instruments, Compaq, South Western Bell, die kanadische Rogers Cable System, die deutsche Telekom, NTT, NEC, US West, Intel, Telstra Australien, Alcatel Cable aus Frankreich, Lockheed und Andersen Consulting. Microsoft ist mitten dabei, in diesem Kooperationsnetzwerk die Software-Lösungen für die interaktive Multimedia-Zukunft zu entwickeln, die die ganze Kette der Informationsübermittlung umfassen soll.

Auf den Straßen des Data-Highway, den Breitband- oder ISDN-Netzen werden die verschiedensten Multimedia-Dienste angeboten: das interaktive Fernsehen, alle sonstigen interaktiven Dienste, Video on demand, die Übermittlung des Videofilms aus einem Zentralrechner, die elektronische Videothek, interaktive Videofilme, bei denen der Zuschauer selbst Regie führen kann, indem er beispielsweise die Kameraeinstellung verändert oder die Schauspieler gegeneinander austauscht, das Home-Banking und das Teleshopping, der elektronische Einkauf und die direkte Kommunikation zwischen den einzelnen Anwendern, den sogenannten Online-Diensten bis hin zu Programmen der virtuellen Realität, beispielsweise dem Cyber-Sex und der eigens nach den eignenen Bedürfnissen gestalteten elektronischen Tageszeitung und den E-Mail-Diensten, den elektronischen Briefkästen. Die Aufzählung ist unvollständig und läßt doch schon jetzt kaum Zeit, um Luft zu holen.

Microsoft sieht die Allianzen immer unter dem Gesichtspunkt, daß mit jeder neu geschlossenen Kooperation die noch fehlenden Glieder der künftigen Kommunikationskette geschlossen beziehungsweise verstärkt werden.

Die Konkurrenz stemmt sich auf jeden Fall dagegen: IBM, Motorola, Apple, Canon, Toshiba, die Groupe Bull aus Frankreich haben es sich auf die Fahnen geschrieben, den Software-Tycoon aus Redmond zu stoppen. Doch die Kritik in der Presse läßt kein gutes Haar an diesen Kooperationen. So nennt der *Spiegel* den Zusammenschluß von IBM und Apple eine Allianz mit Plattfüßen, denn geht es nach den beiden Firmen, wird »der Standard für die nächste Personalcomputer-Generation ein Multinormenrechner sein, der nicht mehr auf bestimmte Computersysteme festgelegt ist. Alle derzeit verfügbaren Software-Programme können dann auf diesem Super-Personalcomputer eingesetzt werden.«

Zwar steckt hinter diesem Gedanken eines Multinormen-Personalcomputers eine für den Verbraucher bestechende Idee. Alle hinderlichen Barrieren der unterschiedlichen Standards würden auf einmal niedergerissen werden. Man müßte sich nicht mehr auf ein bestimmtes System festlegen, die Programme würden laufen, und auch die Entwickler hätten wieder mehr Möglichkeiten, neue Software zu schaffen. Einerseits würde das die durch DOS und Windows entstandene Quasi-Monopolstellung der Programmierer aus Seattle brechen. Andererseits, betrachtet man die Geschichte, wäre der negative Effekt für Microsoft wahrscheinlich weitaus geringer als für Apple und IBM, denn wieder könnten auch andere, billigere Anbieter den Multinormen-Personalcomputer kopieren respektive klonen, wie das bereits unter dem Mantel der IBM-Kompatibilität geschehen ist. Zudem ist das Projekt aus den Führungsetagen über den Power-PC nicht hinausgekommen, der Multinormen-Personalcomputer ist noch nicht viel mehr als eine technische Luftblase, die überwiegend aus den Public-Relations-Abteilungen aufsteigt. Nicht einmal technische Vorgaben existieren für den vielseitig begabten Computer, an dem angeblich seit vier Jahren konzipiert wird. Die meiste Zeit verwendeten die Partner darauf, die bürokratischen Hindernisse ihrer Riesenunternehmen zu überwinden. Aber hatten sie die eine Hürde genommen, scheiterten die Projektanten sicher an den nächsten Hemmnissen, als da wären: völlig unterschiedliche Produktphilosophien und Unternehmenskulturen. IBM hat zwar mit OS/2 ein gutes Betriebssystem auf dem Markt, und Motorola sowie Apple mit dem Power-Mac sind technisch dem Pentium-Prozessor – zumal nach Aufdeckung der Rechenschwäche des Intel-Produktes – überlegen. Dennoch gelang es bis Ende 1994 nicht, den Turbobaustein in einen IBM-Personalcomputer einzubauen und somit auf dem Hardware-Sektor Intel und dessen Pentium Paroli zu bieten. 1995 soll es dann so weit sein, aber inzwischen verschiebt sich schon das Preis-Leistungs-Verhältnis zugunsten des Pentium-Chips, was mit den verkauften Stückzahlen zusammenhängt: 650 000 Macintoshs wurden bislang mit dem neuen Motorola-Prozessor verkauft, fast sechs Millionen Pentium-Rechner werden es Ende 1994 sein. Sollte die Rückrufaktion von Intel nicht gravierende Folgen beim Produktvertrauen der Käufer nach sich ziehen – was nicht zu erwarten ist –, dann wird die Vorherrschaft der Giganten Intel und Microsoft noch auf Jahre hinaus ungebrochen sein. Sie bestimmen bislang die Produktzyklen, so daß die Konkurrenz meist das Nachsehen hat.

»Software für Personalcomputer besteht heute fast nur aus Computerbefehlen und überläßt es dem Benutzer, die zu analysierenden Daten selbst einzugeben. Neuartige Möglichkeiten zur Verarbeitung riesiger Informationsmengen, wie Hypertext sie bietet, können sich freilich nur durchsetzen, wenn der Benutzer nicht mehr allein alle Daten liefern muß. Ohne von außen stammende Informationen dürfte es ihm zum Beispiel kaum gelingen, mit dem Personalcomputer herauszufinden, woran seine Zimmerpflanze leidet, welche Bücher zu einem bestimmten Thema geschrieben worden sind oder welches Zitat am besten zu einer bestimmten Situation paßt. Eine neue Art von Software, die außer dem eigentlichen Programm auch große Datenmengen enthält, ist eine wichtige Voraussetzung für künftiges Wachstum auf dem Personalcomputer-Markt.«

Gemeint hatte Bill Gates damit die Compact Disc. Doch seine Prognose von 1989 läßt sich heute auf die Datenautobahn übertragen. Der Hunger nach Information und die Informationsbeschaffung werden die Triebfedern für die Entwicklung von Multimedia und der Datenautobahn werden. Und mit der Entstehung dieser neuen Medien ändert sich das Informations- und Kommunikationsverhalten. Gleichzeitig entstehen vollständig neue Industrien und Märkte mit hohem Wachstumspotential.

»Ich habe mich vor kurzem mit Vizepräsident Al Gore zum Abendessen getroffen, und wir haben dabei genau über dieses Thema geredet. Wie sich herausstellt, braucht die US-Regierung da kaum Geld hineinzustecken; es zeichnet sich ab, daß hier beträchtliche Gewinne zu erwarten sind, hauptsächlich für Telefon- und Kabelfernseh-Gesellschaften, die in dieses System investieren werden. Die Regierung kann mithin die Steuergelder allein dafür verwenden, selbst in diesem Netz als Service-Anbieter präsent zu sein.«

Die Prognosen hinsichtlich dieses Wachstumspotentials sind vage, aber für alle, die daran beteiligt sind, vielversprechend. Allein der Bereich Handel und Finanzen könnte ein Geschäftsvolumen von fast 170 Milliarden Dollar versprechen, das meiste davon durch Versandhandel und Maklergeschäfte. Der Telekommunikationsbereich wird mit rund 150 Milliarden Dollar veranschlagt. Aber auch der Informationsservice, mit Brancheninformationen und Datenbanken sowie Online-Diensten und die Unterhaltung mit einem Marktvolumen um die 30 bis 40 Milliarden Dollar machen den Investoren und damit auch Bill Gates den Mund wäßrig. Apple-Chef John Scully taxiert den potentiellen Markt der Multimedia-Industrie auf 3500 Milliarden Dollar.

»Wir stehen auf dem halben Weg in der Computerrevolution, eine Revolution, die im Begriff ist, die ganze Welt auf den Kopf zu stellen«, verspricht Bill Gates. »In Zukunft brauchen wir eine Benutzerführung, die zum Beispiel beim Einkaufen hilft, uns unterwegs mit Karten und Stadtplänen versorgt oder uns über medizinische Aspekte aufklärt. Solch eine Oberfläche müssen wir von Microsoft entwickeln. Natürlich kooperieren wir dazu mit Chipherstellern, Systemanbietern, Verkaufsexperten und Beratern, um die Idee des Information-Highway voranzubringen.« Interessant ist in diesem Zusammenhang auch die aktuelle Entwicklung im Bereich der Telearbeit: In den USA existieren die schon erwähnten politischen Richtlinien von Bill Clinton, in denen die Unternehmen aufgefordert werden, durch Schaffung von Telearbeitsplätzen zur Minderung des eigentlichen Verkehrs beizutragen. Diese neuen Formen flexibler Arbeitsorganisation werden zu einer Art neuen Mobilität führen. In Deutschland existieren hierzu bereits einige Studien der *Fraunhofer-Gesellschaft für Systemtechnik und Innovationsforschung*, die davon ausgehen, daß sich die täglichen Fahrten um die Hälfte reduzieren würden, wenn Heimarbeit eingeführt werden würde. Diesem Konzept wohnt allerdings nicht nur eine soziale Problematik inne, sondern es würde auch politische, infrastrukturelle und soziale Änderungen nach sich ziehen.

Der Erfolg in diesem Bereich ist, glaubt man Bill Gates, vorprogrammiert. Der Konsument, der Bürger, das Individuum – sie werden den Data-Highway annehmen, sie werden ihn akzeptieren und ohne ihn nicht mehr auskommen, daran glaubt zumindest Bill Gates, und er ist auch bereit, darauf seine ganze »Company« zu verwetten.

Es ist der 14. November 1994, der Tag der Eröffnung der Elektronik-Messe Comdex, genauer der Computer Dealers Exhibition in Las Vegas. 190 000 Fachbesucher und 2200 Aussteller werden erwartet. Die Superlative überschlagen sich – zumeist jedoch nur in den Köpfen der Veranstalter. Die Comdex-Verantwortlichen bezeichnen ihre Messe als die wichtigste Computermesse der Welt. Doch die Meinungen sind geteilt, von »einer Computermodenschau« ist die Rede, bei der es wichtiger ist, zu sehen und gesehen zu werden. Die sogenannten Public-Relations-Flacks heizen die Gerüchteküche an, der Handel mit Insider-Informationen blüht. Die Journalisten spekulieren, die Macher sonnen sich im Ruhm, der Markt der Halbheiten blüht, angewärmt wird in den sogenannten Keynotes, Vorträgen, in denen die Führer großer Firmen über ihre Visionen reden. Nicht das eigentliche Messegelände ist der Hauptanziehungspunkt für die Fachbesucher, es sind mehr die umliegenden Privatsuiten, in denen eine »Neuerung« nach der anderen einer handverlesenen Öffentlichkeit präsentiert wird. 1994 gab es eigentlich nur zwei wichtige Punkte, über die diskutiert und spekuliert wurde: den Data-Highway und Multimedia.

Mit einem lauten, kullernden Geräusch fiel die Roulettekugel, durch die dünnen Wände war jedes »Faites votre jeu« und »Rien ne vas plus« deutlich zu vernehmen. Der Ort des Ereignisses war vielleicht auch wegen zweier bedeutungsschwerer Sätze von Bill Gates mit Bedacht gewählt. In einem abgedunkelten Ballsaal im Kasinohotel

Mirage in Las Vegas wollte er den neuen Clou aus dem Hause Microsoft vorstellen. Unter dem Codenamen Marvel – das Wunder – präsentierte er ein schlichtes Ikon, ein kleines Bildchen, das fortan bei Microsoft für das weltumspannende Kommunikationssystem Microsoft Network stehen soll. Und er verteilte zu Beginn der Konferenz kräftig Ohrfeigen: Die Konkurrenz sei »nicht aufregend genug, nicht einfach genug, nicht kreativ genug«, deshalb steige er in den Online-Bereich ein. Das Ikon soll der Schlüssel zum Netz und zum Erfolg werden: Wer das Netzwerkprogramm starte, dem sollten sich über das Modem die unendlichen Welten des Cyberspace eröffnen. Und wer das neue Windows-Piktogramm benutzt und so das aktivierte Programm startet, der soll sich natürlich möglichst oft in das neue Microsoft Network einbinden lassen. Ab 1995 soll dieses Network in über 35 Staaten und – man höre und staune – auch in über 20 verschiedenen Sprachen zugänglich sein.

Gates will zunächst die klassischen Dienste der Mailboxen anbieten, Ratschläge zur Nutzung ihrer Software erteilen – die Kundenbindung läßt grüßen –, Kontoauszüge erstellen, Börsenkurse berichten, Nachrichten und Musik vermitteln, elektronische Privatpost zustellen und ... und ... und ... Über Satellit und die verschiedenen Telefonnetze der British Telecom, AT&T, Sprint und Unitel soll in Sekundenbruchteilen die Verbindung zum Zentralrechner in Seattle hergestellt werden. Bis ins Jahr 2000 wird dieser Zentralrechner von Digital Equipment betrieben, eine weitere überraschende Kooperation. Die Gebühren soll der Nutzer dann direkt mit Microsoft abrechnen.

Das Ganze kann zu einem wunderbaren Zusatzgeschäft für den Software-Riesen werden und ist schon jetzt eine direkte Kampfansage an die bereits bestehenden Netze wie Internet, Prodigy Delphi, Datex-J, Compuserve, America Online und all die anderen. Denn Gates kann, einen

Milliardenmarkt im Auge, mit Kampfpreisen und einem Software-Paket, das bislang von über 80 Prozent aller Personalcomputer weltweit benutzt wird, den Markt aufrollen. Wenn nur ein Teil der bisherigen Windows-Nutzer das Ikon für sich entdeckt, wäre Microsoft innerhalb kürzester Zeit auch die Nummer eins der Online-Betreiber – das Weltpostamt in Redmond. Daß die Chancen von Bill Gates nicht ganz schlecht stehen, läßt die Prognose der Spezialfirma Yankee Group erahnen: Sie geht von einem Zuwachs bei den Online-Diensten von 30 Prozent allein für 1995 aus.

Skeptiker sprechen allerdings in guter amerikanischer Manier von einem persönlichen Vietnam für Bill Gates. Interessant sei nicht, wie kommuniziert wird, sondern was. Und für die Inhalte habe Bill Gates bislang nicht die richtigen Partner und auch nicht den richtigen Riecher gehabt. Daß aber dennoch Erfolgschancen bestehen, müssen sie nicht nur hinter vorgehaltener Hand eingestehen. Die Preissenkungen, mit denen die Konkurrenz reagiert, und die Schnelligkeit, mit der sie mit dem Anti-Trust-Gesetz drohen, spricht Bände. Der Einstieg des Software-Riesen wird dazu führen, daß der Markt für Online-Dienste boomen wird und aus einem bisher belächelten Nischenmarkt eines der wichtigsten Segmente des Information-Highway – neben den Multimedia-Anwendungen – werden wird. Bill Gates schreibt dem Online-Busineß bis zur Jahrtausendwende ein Volumen von drei Milliarden Mark zu. Deshalb wolle er derjenige sein, der den diversen Programmanbietern eine preiswerte Plattform bieten möchte. Die Reaktion an der Börse: Die Kurse der direkten Konkurrenten Compuserve und America Online gaben nach.

Zum Ziel führen können die Strategien von Bill Gates nur dann, wenn die Faszination Computer alle erreichen wird, auch den erklärten Computer- respektive Highway-

Gegner: In einem Interview mit Hanspeter Born von der *Weltwoche* erklärte Gates diese Menschen denn auch zur wichtigsten Zielgruppe von Microsoft:

»Ich würde sagen, solange wir diese Sache für solche Leute wie Sie nicht spannend machen können, haben wir unser Ziel nicht erreicht. Sie werden mitmachen, nicht weil Sie den Highway mögen, sondern beispielsweise weil Sie gerne Filme sehen. Dann können Sie sich hinsetzen und herausfinden, in welchem Film Jack Nicholson spielt, wie die Rezensionen sind, wir müssen Ihr Interesse gewinnen. Nehmen Sie meine Mom. Sie muß Reden halten – und so hat sie gelernt, mit Textverarbeitung umzugehen, um die Reden zu schreiben. Oder mein Dad füllt seine Steuererklärung mit dem Computer aus. Durch eine besondere Anwendung kommt man zum Computer. Wenn eine Anwendung Sie verführt, dann werden Sie sehen, daß die nächste immer einfacher sein wird. Ich selbst bin auf ähnlich Weise geangelt worden. Als Student nahm ich mir vor, den Computer dazu zu bringen, etwas für mich zu tun. Es brauchte eine gewisse Zeit, bis ich den Computer so weit hatte, aber es war jeweils spannend. Es ist sehr befriedigend, wenn man sich vorstellt, etwas funktioniere auf eine gewisse Weise, und dann tut es dies auch. Ich glaube, daß Leute, von denen man es gar nicht erwartet, sich an den Computer gewöhnen können, wenn sie nur einmal über den Bequemlichkeitsbuckel hinüber sind.«

IX. Das Erfolgsrezept

>*Das Erfolgsrezept von Microsoft sieht so aus:
Wir konzentrieren uns auf das, was wir gut kön-
nen, und das sind Software-Produkte.«*
BILL GATES 1994 IN CHIP

Wie viele Microsoft-Programmierer braucht es, um eine Glühbirne auszuwechseln? Keinen einzigen. Denn Bill Gates erklärt die Dunkelheit einfach zum Industriestandard.

Dieser Witz erklärt ganz gut, weshalb Microsoft an der Spitze der Software-Industrie steht. Microsoft hat es seit jeher recht gut verstanden, mit seinen Produkten, den Markt so frühzeitig abzudecken, daß kaum noch ein Platz für die Konkurrenz zu finden war – die Software-Schmiede aus Redmond machte sich breit, und die Kraft der anderen ging dabei verloren, als sie die Ellenbogen dagegen stemmen mußten.

»Wir versuchen immer, sicherzustellen, daß unser Standard der Standard schlechthin ist. Das zu erreichen, wird immer schwerer, aber es ist auch eine große Herausforderung. Wir müssen sehr, sehr beweglich bleiben, um immer zu erkennen, welche Anforderungen an einen Industriestandard neu gestellt werden, und wir müssen dabei immer sicher sein, daß es der passende Standard ist.«

Wie Bill Gates das neue Zeitalter des Multimedia und des Data-Highway vorbereitet, spricht dafür, daß er es immer noch nicht verlernt hat, jede Herausforderung anzunehmen und dabei beweglich und innovativ zu bleiben.

Alle Bereiche des Multimedia hat Bill Gates mit Kooperationen, neuer Software oder Projekten abgedeckt: Für das Telebanking als »Einstiegsdroge« in das Multimedia hat er mit Quicken das richtige und erfolgreiche Instrument gekauft, ebenso wie er den Bereich der Unterhaltung, der

Animation, der Visualisierung sehr geschickt in seine Strategie mit neuen Investitionen einbaute. Auch bei der Technik des Data-Highway kann er von der Zusammenarbeit mit dem eigenen Online-Dienst und dem kooperativen Know-how von Firmen wie der deutschen Telekom zehren. Es ist mit Worten kaum zu beschreiben, wie dicht das Netz ist, mit dem er im fischreichen Wasser der neuen Medien auf Fang geht. Bislang steht das meiste noch auf dem Papier, aber wer Bill Gates kennt, weiß, daß es bei ihm nicht bei Absichtserklärungen bleibt. Er setzt die Dinge durch, die er sich vorgenommen hat, und er besitzt auch den Atem, um durchzuhalten, wenn etwas nicht so läuft wie geplant.

Man muß auf der Hut sein, will man sich neue Märkte erschließen. Ein sehr gutes Beispiel ist das Engagement von Bill Gates in China: Auf der CeBit im März 1994 warb Gates für P-Win, die chinesische Version von Windows. Er hat China, ebenso wie die Märkte in Osteuropa, als hervorragenden Absatzmarkt erkannt und versucht nun, im Reich der Mitte Standards zu setzen. Allerdings ist China für die Software-Firma der neue »Wilde Osten«. Von Urheberrechtsschutz kann in China nicht die Rede sein, Raubkopien beherrschen den Markt, und die Regierung in Peking gibt sich protektionistisch. Die einheimische Industrie soll das Heft in der Hand behalten. Gates läßt sich von dieser eigentlich chancenlosen Ausgangssituation nicht schocken. Er sucht wieder den Weg der Kooperation, dazu traf er sich schon mit KP-Chef Jiang Zemin und Vertretern des mächtigen Ministeriums für Elektroindustrie. Er wollte ihnen die Angst vor einer Microsoft-Invasion nehmen. Der Besuch war aber noch aus einem anderen Grund dringend notwendig geworden. Die Firma hatte zuvor einige kapitale Fehler im Umgang mit den neuen Kunden gemacht. So ließ man das Programm für China direkt beim Erzfeind in Taiwan schreiben und produzieren – wobei man sowohl die Animositäten vergaß als auch die Tatsache, daß die Schriftzeichen in der Volksrepublik und in Taiwan nicht dieselben sind. Bill Gates war sich nicht zu schade, nach China zu fahren und bei den Verantwortlichen nochmals um gut Wetter zu bitten.

Der Versuch war gut vorbereitet. Microsoft konnte in China Fakten schaffen mit Hilfe eines Phänomens, das die Zentrale sonst erbittert bekämpft: Rund 95 Prozent aller in China verkauften Computer laufen mit Raubkopien von DOS und auch von Windows. Diesen Vorteil nutzte Bill Gates im Gespräch mit Jiang Zemin geschickt. Er wies auf diesen Umstand hin, beklagte sich über den Verlust, der ihm dabei entstehe, und ließ durchblicken, daß in China so ein Standard entstanden sei, den man nur unter schwersten wirtschaftlichen Opfern wieder ändern könne. Wirtschaftliche Opfer will sich die chinesische Führung aber nicht erlauben, und so wird ein amerikanischer Journalist sicher recht haben, wenn er unverblümt behauptet: »Es sieht wieder nach einem typischen Sieg für Bill Gates aus. Ich würde auf Microsoft setzen.«

Bei allem, was Bill Gates tut, steht nicht allein der Erfolg im Vordergrund, es braucht auch die Vision oder die Liebe zur Arbeit beziehungsweise zum Produkt, um vorwärtszukommen.

»Wenn ich ein Programm plane oder schreibe, habe ich nicht den leisesten Schimmer, ob es jemals erfolgreich sein wird oder nicht. Paul Allen brachte mir damals das Magazin mit, auf dem der Altair abgebildet war, und wir dachten beiden: ›Wow, ich denke wir müssen uns auf den Weg machen, weil wir genau wissen, daß sich diese Maschinen durchsetzen werden.‹ Das war der Zeitpunkt, als ich damit aufhörte, die Harvard-Klassen zu besuchen, um von da an nur noch rund um die Uhr zu arbeiten. Das eigentliche Programm wurde in etwa dreieinhalb Wochen geschrieben. Die Arbeit beendeten wir nach etwa weiteren

acht Wochen, bis ich das Gefühl hatte, jetzt haben wir es so
weit optimiert, daß es sogar mir gefällt. Doch nur wenig
später setzte ich mich wieder an den Computer und
schrieb das Programm neu. Keiner der großen Programmierer sitzt da und sagt sich: ›Nun mache ich das große
Geld‹ oder ›Nun werde ich Hunderttausende von Kopien
verkaufen‹. Diese Art zu denken trägt zu keinerlei Lösung
des Problems bei.«

Der Grundstein des Erfolgs von Bill Gates ist also nicht
das zielgerichtete Erfolgsstreben, es ist aber auch nicht das
Glück, der Zufall – die man zweifelsohne auch benötigt –,
er besteht vielmehr nahezu aus nur einem Element: konzentrierter Arbeit.

Und zu noch etwas ist Konzentration gut:

»Das Erfolgsrezept von Microsoft sieht so aus: Wir konzentrieren uns auf das, was wir gut können, und das sind
Software-Produkte.«

Bill Gates hat schon immer gewußt, daß er nicht auf allen
Hochzeiten tanzen kann, zu vielfältig ist das Computerge-
schäft, und es gibt zu viele Beispiele von Unternehmen,
die sich verzettelt haben, IBM und Borland zum Beispiel.
Gates weiß, daß es keine Chance gibt, »auf jedem Gebiet
konkurrenzfähig zu bleiben. Wer heute Schritt halten will,
muß sich spezialisieren.«

Die Marschrichtung bei Microsoft ist denn auch eindeutig.
Schon 1980 hat der ehrgeizige Gates in einem vertrauli-
chen Gespräch seinen Mitarbeitern die Perspektive vorgegeben: »Wir wollen den Weltmarkt für Software monopo-
lisieren.«

Daß dieser Wunsch nur eine Zielvorstellung sein kann, die
man wahrscheinlich nie erreichen wird, liegt – aufgrund
der Markt- wie der Kartellgesetze – auf der Hand. Das Ziel
und der Erfolg müssen immer auch in Relation stehen zu
dem, was man leistet. Wer seine Ziele hoch ansetzt, wird
die Latte des öfteren reißen. Doch bei jedem Versuch, es

dennoch zu schaffen, wird man ein Stückchen höher kommen.

Bill Gates hat bei all seinen Entscheidungen immer im Hinterkopf, daß man ihn jederzeit auch ersetzen und daß alles, was er leistet, auch ein anderer schaffen könnte. »Sicher kann noch jemand so erfolgreich sein wie ich. Indem sich jemand an die Front begibt und innovativ ist. Wenn man damals IBM gefragt hätte, ob es genügend Platz für ein weiteres Betriebssystem gäbe, hätten die sicher ›nein‹ gesagt. Um Erfolg zu haben, muß man Dinge tun, die nicht unbedingt auf der Hand liegen.«

Dieses innovative Denken spornt ihn an – so verquer es jetzt klingen mag –, jede geschäftliche Entscheidung zu entemotionalisieren. »Ich arbeite gerne und hart und bin dabei ziemlich vorsichtig, um ja das Richtige zu tun. Allerdings laufe ich nicht voller Emotionen herum. Sie können keine Entscheidungen fällen, wenn Sie ängstlich sind. Bei uns werden Entscheidungen auf rationaler Ebene getroffen. Im Grunde ist es einfach: Wir hören unseren Kunden zu.«

Man kann nicht oft genug feststellen, daß uns der Computer in das Zeitalter der Dienstleistungen geführt hat. Dienstleistung heißt im wörtlichen Sinne, jemanden einen Dienst zu erweisen. Das bedeutet zugleich, daß man sich nicht scheuen darf, zu dienen, das zu produzieren, was auch verlangt wird, oder das anzubieten, von dem man glaubt, daß es angenommen wird. Der Endverbraucher muß im Dienstleistungsgewerbe immer das Sagen haben, und als erfolgreiches Unternehmen muß man wissen, was derjenige, der das Sagen hat, tatsächlich will.

»Einige Programmierer geben unverblümt zu, keinerlei Vorstellung vom Benutzer der Software zu haben, und sie sind dennoch Weltklasseprogrammierer. Aber das Wissen, was der Markt will und was er hergibt, ist von großer Bedeutung, besonders was die Anwenderprogramme be-

227

trifft. Darum kümmern sich bei uns Mitarbeiter rund um die Uhr, sie zeigen Verbrauchern die Codes oder kümmern sich um andere Marktgegebenheiten. Als wir bei Microsoft starteten, hatten wir nur Systemprogramme. Damals wußten wir, was die Programmierer wollten, weil wir selbst Programmierer waren. Jetzt, wo wir für einen breiten Markt arbeiten, ist das schon etwas schwieriger.«

Das rasante Entwicklungstempo in der Software-Industrie – mit einem Produktrhythmus von nur noch sechs bis zwölf Monaten – wird immer schneller und zwingt die Hard- wie die Software-Anbieter in diesem Marktsegment, sich immer weiter anzupassen. Der Rhythmus muß – koste es, was es wolle – eingehalten werden, wenn man den Zug nicht verpassen möchte. Das Schicksal von IBM gilt dabei als das Mahnmal in der Branche:

»Unser Busineß beruht auf härtester Konkurrenz, ein, zwei falsche Schritte, und du liegst so weit zurück, daß du weg vom Fenster bist. Auch der höchste Marktanteil gibt dir nie das Recht, dich zu entspannen, dafür ist IBM das beste Beispiel. Das kann einem schon angst machen, aber dadurch wird das Ganze auch immer wieder hochinteressant.«

Der beste Maßstab für ein erfolgreich arbeitendes Unternehmen ist neben den vorher angesprochenen Punkten immer auch der Grad an Kreativität, der in dem Unternehmen herrscht. Einer der wichtigsten Punkte, um die einmal vorhandene Kreativität zu konservieren und weiterzuentwickeln, ist der Teamgeist innerhalb des Unternehmens. Man kann schlecht entlohnt werden, wenig Urlaub bekommen, stimmt der Teamgeist, stimmt die Identität, so stimmen auch die Ideen für ein Programm.

»Es gibt dafür kein allgemeingültiges Verfahren, das ist einmal sicher. Normalerweise machen wir bei Microsoft Brainstorming-Sitzungen, meist in der Nacht oder an Wochenenden. Irgendeiner hat eine Idee, wie etwa die Gestaltung eines neuen Textverarbeitungsprogrammes aussieht. Dann sprechen wir darüber, ob es sich lohnt, dieser Idee nachzugehen.«

Vom Unternehmen isolierte Entscheidungen bringen niemanden weiter, da man schon sehr viel Kraft damit vergeuden muß, die eventuellen betriebsinteren Widerstände zu überwinden. Sollten keine Widerstände vorhanden sein, dann ist eine im Team getroffene Entscheidung für den einzelnen immer motivierender als eine von oben oktroyierte.

»Wenn wir uns entscheiden müssen, ob wir ein Programm angehen oder nicht, tut eine große Gruppe hierzu ihre Vorstellungen kund. Die Vor- und Nachteile werden genauestens betrachtet. Wenn es nötig ist, werde ich entscheiden, welche der Ideen Sinn macht und ob wir überhaupt jemanden haben, der sie umsetzen kann. Wir entschließen uns, nur ganz wenige Projekte anzugehen, weil es einen ungeheuren Aufwand bedeuten würde, alle Kapazitäten zu nutzen, um ein Programm auf den Weg zu bringen und einen neuen weltweiten Standard zu setzen.«

Teamgeist bedeutet aber nicht, ausschließlich Mehrheitsentscheidungen zu treffen. In einem Team sollte, nach Bill Gates, immer auch eine hierarchische Struktur herrschen, die sowohl in der Verantwortlichkeit als auch in der letztendlichen Entscheidung von oben nach unten gerichtet ist, aber in der viel wichtigeren Phase der Entscheidungsfindung auch von unten nach oben völlig durchlässig sein kann. Persönliche Eitelkeiten, Egoismus und Hochnäsigkeit anderen gegenüber sind bei Bill Gates und Microsoft völlig fehl am Platz.

»Sicher, große Programmierer sind anspruchsvoll, wenn sie Software entwickeln. Aber wir halten nichts von einem Primadonna-Status, der es einem erlaubt, seinen Code nicht rechtfertigen oder nicht mit anderen darüber reden zu müssen oder jemand anderem seine Meinung aufzudrängen, nur weil er gut ist. Wir wollen Mitarbeiter, die einander wirklich respektieren. Und ich glaube auch, daß die meisten echten Programmierer es lieben, mit anderen großen Programmierern zusammenarbeiten zu können. Einfach um das richtige Feedback zu bekommen.«

Und Bill Gates fährt in diesem Gedanken fort: »Ein Programmierer-Team muß sich aus Leuten zusammensetzen, die alle füreinander Respekt empfinden, denn eine Entwicklungsarbeit ist eine sehr intime Sache; es ist, wie wenn man in derselben Basketball-Mannschaft spielt: So viele verschiedene Meinungen und Kreativität gehen in ein Projekt ein. Einige der großen Programmierer können in einem Team einfach nicht arbeiten, sie können nur für sich allein arbeiten. Aber ich glaube, daß es ein Zeichen wirklicher Größe ist, wenn man es gelernt hat, wie man mit anderen Menschen zusammenarbeitet, und sie in einigen Fällen sogar zu unterrichten vermag. Es gibt mir regelrechte Befriedigung, wenn es einer aus meinem Team schafft, ein wirklich großer Programmierer zu werden: Natürlich nicht ganz so viel Genugtuung wie ich aus der Tatsache beziehe, selbst ein Programm zu entwickeln.«

Teamarbeit hat aber noch andere Auswirkungen auf das Arbeiten in einem Unternehmen. Es erfordert eine Organisationsstruktur, die auf kleinen Einheiten beruht. »Bevor Paul und ich die Firma gründeten, waren wir bei einigen Software-Projekten im großen Maßstab beschäftigt, die ein richtiges Desaster darstellten. Sie kauften eine Menge Leute ein, und niemand wußte so richtig, wie man das Projekt stabilisieren konnte. Wir schworen uns damals, daß wir das besser machen würden. So kam es, daß die Idee, viel Zeit auf die richtige Strukturierung der einzelnen Gruppen zu verwenden, für uns immer wichtig blieb.

Die besten Ideen sind die, die auf der Hand liegen: die Gruppen klein halten, sich sicher sein, daß nur wirklich gute Leute in der Gruppe sind, ihnen alle technischen Möglichkeiten zur Verfügung stellen und eine gemeinsame Verständigungsbasis schaffen, damit jeder mit jedem effektiv kommunizieren kann. Und außerhalb der kleinen Gruppen muß man einen erfahrenen älteren Programmierer haben, der bei Problemen jederzeit Ratschläge geben kann. Es ist immer wieder erstaunlich, wie sich die Probleme, in die man geraten kann, ähneln, und da hilft Erfahrung schon weiter. Wenn wir unsere Design-Reviews machen, genieße ich es immer, daß ich auf Erfahrungen aus anderen Programmarbeiten zurückgreifen kann.«

Schon seit Beginn der Erfolgsstory von Microsoft wird besonders von Bill Gates darauf geachtet, daß nicht nur sein Planungsteam klein bleibt. Denn Flexibilität, gepaart mit individueller Kreativität, gibt den Ausschlag für den Erfolg. Selbst wenn das Unternehmen von Jahr zu Jahr wächst, achtet Gates auch heute noch darauf. Grundlage hierfür ist eine sorgfältig geplante Anstellungspolitik:

»Wir rekrutieren unsere Leute hauptsächlich direkt von den Universitäten. Wir suchen Leute, die viel Energie haben, an Computern interessiert und intelligent sind. Für Intelligenz gibt es keinen Ersatz.«

Anfangs nannte man die Leute von Microsoft, die die Universitäten nach talentierten Nachwuchsprogrammierern durchkämmten, »Kopfjäger«. Klar, ihre Methoden waren kurz und schmerzlos, Microsoft benötigte schnell Nachwuchs für das ebenso schnell wachsende Unternehmen. Daß diese legendäre Geschichte mittlerweile der Vergangenheit angehört, äußerte Rudolf Gallist, damals für den Personalbereich zuständiger Geschäftsführer der Münchner Europazentrale von Microsoft, 1993 in einer *Spiegel*-Geschichte: »Die Ansprüche an neue Mitarbeiter haben sich grundlegend gewandelt. Es ist wichtig, daß der Bewerber Praktika gemacht hat und weiß, wie es in Wirtschaft und Unternehmen abläuft.«

Zwar werden auch heute noch überwiegend Studienabgänger aus den »harten Wissenschaften«, so Bill Gates selbst, den Naturwissenschaften, und da speziell aus der Physik, rekrutiert. Doch die Bewerber werden heute viel genauer unter die Lupe genommen als zu den Anfangszeiten. Microsoft lädt für jede Stelle, und sei sie noch so klein, mehrere Bewerber ein und läßt jeden einzelnen von mindestens sechs Personen nacheinander und getrennt befragen. Erst danach wird im Plenum über die Kandidaten beraten und die Entscheidung getroffen. Diese Prüfungen zu bestehen, lohnt sich vor allem für die amerikanischen Mitarbeiter. Auf dem »Redmond-Campus« hat jeder Mitarbeiter sein eigenes Büro, und das Microsoft-Betriebsgelände wirkt denn auch mehr wie der Campus einer naturwissenschaftlichen Universität.

Noch etwas ist für Microsoft sehr typisch: Auch junge Mitarbeiter tragen Verantwortung. Bill Gates weiß, daß nur der wachsen kann, der Verantwortung besitzt und Vertrauen genießt. Fehler müssen einfach toleriert werden, und jeder Fehler trägt zur Optimierung einer Einheit bei. Dies ist auch noch ein Relikt aus früheren Zeiten, als die Firmengründer – selbst junge Leute – große Verantwortung übernehmen mußten und diese teilweise auch übertragen bekamen. Früher war kein Microsoft-Programmierer über 30 Jahre, das junge Image der Firma wurde gepflegt, was auch an den jugendlichen Chefs selbst lag, doch das scheint langsam vorbei zu sein, glaubt man dem Programmierer aus der Geschichte von Douglas Coupland:

»Auf eine gruselige, science-fiction-hafte Weise gibt es auf dem Campus niemanden, der nicht so aussieht, als sei er exakt 31,2 Jahre alt. Das ist beklemmend. ... Microserfs sind von Natur aus dazu verdammt, Dinge zu tun, die typisch für 31,2jährige sind: das erste Haus, die erste Ehe, die ›Wohin gehe ich‹-Krise, die ›Weg mit dem Miata (zweisitziges Cabrio; Anm. d. Autors), her mit dem Mini-van‹-Sache und natürlich Todesverdrängung im großen Stil. Vor ein paar Monaten ist ein Vizepräsident von Microsoft an Krebs gestorben, und darüber durfte praktisch kein Wort verloren werden. Punkt, aus. Es gibt drei Dinge, über die man bei der Arbeit nicht reden darf: Tod, Gehalt und Optionen. Ich bin 26, und ich bin einfach noch nicht bereit, 31,2 zu werden.«

Die Konkurrenten von Bill Gates sehen ihn hingegen nicht in positivem Licht: »Er ist ein rücksichtsloser Geschäftsmann, der jegliche Konkurrenz im Keim erstickt. Und sein Ehrgeiz übertrifft seine Fähigkeiten bei weitem«, lautet eines der eher noch schmeichelhafteren Zitate.

Etwas härter formuliert: »Bill schüttelt dir die Hand und klaut hinter deinem Rücken die Früchte deiner Arbeit.« Der Vergleich mit einer Person der Zeitgeschichte, den Paul Grayson, der Mitgründer der Firma Micrographx, von sich gab, wirkt schon eher etwas deplaziert: »Es gibt nur einen Menschen, der weniger Freunde hat als Saddam Hussein: Bill Gates.«

Daß in der Branche niemand mit Samthandschuhen angefaßt wird und daß derjenige, der ganz oben an der Spitze steht, stets auch die Zielscheibe der Kritik darstellt, braucht man nicht gesondert zu erwähnen.

Die Schlacht der großen Software-Multis ist entbrannt, jeder kämpft gegen jeden und alle gegen einen: In der Branche hat sich, wie ein Reporter der *Wirtschaftswoche* es so treffend bezeichnete, »Bill-o-phobia« breitgemacht. In einem *Spiegel*-Porträt über Bill Gates stand denn auch zu lesen:

»Begreifliche Ehrfurcht vor dem Erfolg von Microsoft, gepaart mit einem Schuß Paranoia, bestimmt zur Zeit die Software-Szene. Die Branche ist schon so auf Microsoft fixiert, daß eine Handvoll Insider, die Gatesologen, jedes Lächeln des Gurus auf einer Pressekonferenz als nächsten Schritt eines strategischen Meisterplans interpretieren.«

Jeder versucht Gates ein Bein zu stellen, ihn von ganz oben herunterzustoßen, und jeder imitiert ihn, will seinen Erfolg kopieren. Doch so mancher, der Gates das Bein stellte, geriet selbst ins Stolpern. So wurde aus der sehr angesehenen und soliden Software-Firma Borland, die noch 1992 Gewinn machte, nach der Übernahme des Branchendritten Ashton Tate ein riesiges, aber labiles Unternehmen, das im Geschäftsjahr 1993/94 70 Millionen Dollar Verlust ausweisen mußte. Vorausgegangen war der etwas peinliche Ausspruch von Borland-Chef Philip Kahn, der Microsoft den »totalen Krieg« erklärte. Zuerst im Ton vergriffen, jetzt die Lektion begriffen, kann man von Kahn heute behaupten, denn fortan will er sich wieder auf das Kerngeschäft von Borland – Datenbanken und Programmiersprachen – konzentrieren.

Vielleicht steckt hinter dieser Angst von Gates' Konkurrenten, hinter der Verbissenheit, die diese an den Tag legen, um ihn zu übertreffen, das eigentliche Geheimnis seines Erfolges: Er wird von seinen Konkurrenten gefürchtet. Bill Gates selbst hat genau dies erkannt: »Ich habe erst dann ein Problem, wenn sich niemand mehr über mich beklagt. Beschwerden sind für mich ein Zeichen gesunder Konkurrenz.«

Er hat also nichts dagegen, wenn man ihm gegenüber nicht zimperlich agiert. Allerdings sollte man wissen, wo die Grenzen sind, meint Bill Gates: »Die Konkurrenz wiegelt die Behörden gegen uns auf«, mutmaßte er, als die amerikanischen und europäischen Kartellbehörden Microsoft sehr genau unter die Lupe nahmen. So ganz unrecht hatte er wahrscheinlich mit dieser Vermutung nicht. Es gilt mittlerweile als gesichert, daß der 70jährige Novell-Patriarch Ray Noorda, die Nummer zwei auf dem Software-Markt, der US-Anti-Trust-Behörde den entscheidenden Wink gab: detaillierte Informationen über die gescheiterten Fusionsverhandlungen von Novell und Microsoft.

Doch Bill Gates hat wieder einmal den Kopf aus der Schlinge gezogen. Er hat scheinbare Nachteile in einen Vorteil für sich umgemünzt: Am 19. Juli 1994 bat er zu einer Telefonpressekonferenz von seinem Schreibtisch aus. Der Anlaß war der Vergleich, den er mit den Wettbewerbsbehörden der Vereinigten Staaten und Europa geschlossen hatte. Der Vorwurf lautete auf wettbewerbswidrige Geschäftspraktiken durch die Dominanz bei den Betriebssystemen. Durch DOS und Windows habe Microsoft Vorteile beim Verkauf von Anwendungs-Software wie Textverarbeitung und Tabellenkalkulation.

Justizministerin Janet Reno erklärte dazu: »Microsofts unfaire Vertragspraktiken haben andere US-Unternehmen um eine faire Wettbewerbschance gebracht, Verbrauchern keine wirkliche Wahl ermöglicht und die weitere Software-Entwicklung verlangsamt.« Dies gelte auch dann, »wenn der Konzern auf faire und legale Weise an die Industriespitze gelangt ist«. Ursache dieses Tadels war die Vermutung, daß Microsoft Informationen »bunkere«, sobald eine neue Version der Betriebssysteme erscheine, und sich so bei der Anwender-Software, die ja ebenfalls auf das neue Betriebssystem umgeschrieben werden muß, unfaire Vorteile verschaffe: Wer als erster über den Systemcode verfügt, der ist auch zuerst auf dem Markt und gewinnt, so hätten Bill Gates und Microsoft den Zugang zum Software-Markt spürbar beschränkt. Anne Bingaman, die zuständige Leiterin der Anti-Trust-Abteilung im Justizministerium, sagte zu diesen Praktiken: »Um von Microsoft günstige Einkaufsbedingungen zu erlangen, mußte man seine Seele verkaufen und durfte Microsoft niemals verlassen.«

Gates stimmte nach vier Jahren zu, daß diese Wettbewerbsvorteile abgebaut werden müßten, und gab seine restriktiven Lizenzpraktiken fürs erste – pro forma – auf. Microsoft wird früher als bisher die neuen Daten seiner

weiterentwickelten System-Software den Konkurrenten
zur Verfügung stellen, was – neben anderen kartellrechtlichen Problemen – vom US-Justizministerium sechsein-
halb Jahre lang direkt im Unternehmen überprüft werden
wird. Dazu Gates: »Ich wüßte nicht, in welcher Weise uns
das stören könnte.«

Der Vergleich sei für die Firma das beste Ergebnis gewesen, denn so sei ein langwieriges Gerichtsverfahren ver-
mieden worden, das nur Zeit und Kräfte gebunden hätte,
räumte er ein. Allerdings könne er die Behauptungen der
Regierung nicht anerkennen: »In der Hochtechnologie ändern sich die Verhältnisse so rasend schnell, da kann es ein
Monopol überhaupt nicht geben.«

Der Effekt dieses Nachgebens: Ändern wird sich nicht
viel, microsofteigene Produkte werden ihren Startvorteil
behalten, wenn auch der Vorteil etwas geringer wird. Aber
Bill Gates hat durch das Vermeiden eines Prozesses noch
einen weiteren Nebeneffekt erzielt: Die Aktien stiegen
nach der Telefonpressekonferenz um weitere vier Prozent,
ein guter Stundenlohn für den Telefonisten.

Der Marktforscher Richard Schaffer meint sogar, daß dieser Kompromiß für Microsoft den absoluten Gewinn darstellt: »Die Schlacht um die Führerschaft bei Betriebssystemen ist geschlagen, und Microsoft ist der Sieger.«

Bill Gates – ein Sieger mit dem unbedingten Willen zum
Erfolg: »Ich will gewinnen, und dabei glaube ich fest an
den Erfolg, aber das heißt nicht, daß es nicht Augenblicke
gibt, in denen ich mir sage: ›Himmel! Wie bin ich da nur
reingeraten.‹«

Noorda hat mittlerweile bei Novell das Handtuch geworfen, und sein Nachfolger Robert Frankenberg hat sich bereits im August 1994 mit Bill Gates getroffen. Es herrscht
Waffenstillstand zwischen den beiden Konkurrenten, man
hat verabredet, wie man das Microsoft-Betriebssystem
besser auf die Novell-Netzwerk-Software abstimmen

kann. NetWare soll schon bei Windows 95 in einer angepaßten Version einsetzbar sein. Beide Unternehmenslenker sollen zudem auch noch eine Zusammenarbeit in einem früheren Stadium vereinbart haben, und zweimal jährlich wollen sie sich zu Koordinierungsgesprächen treffen.

Bill Gates hat in dieser ganzen Sache vielleicht ein paar Schrammen abbekommen, aber er ist kein Stückchen in seinem Bestreben, weiter nach vorne zu kommen, aufgehalten worden – im Gegenteil.

Der Vorteil von Bill Gates ist der, daß er in jeder Phase seiner Erfolgsgeschichte an sich selbst und sein Unternehmen glaubte, auch wenn Freunde ihn als geschäftlichen Pessimisten bezeichnen. Ich würde ihn eher als vorsichtigen Zweckpessimisten betiteln, der nicht tief fallen kann, wenn er sich und seinen Erfolg nicht überhöht. Bill Gates ist zwar der reichste Amerikaner, und er hat sich jeden Cent dieses Reichtums selbst verdient – anders als die Rockefellers –, aber er hat auch zugleich 90 Prozent seines Privatvermögens in Microsoft-Aktien angelegt. Er glaubt an sich selbst und an das Risiko, das er eingeht. Bill Gates vereint die vier Komponenten in einer Person, die für den wirtschaftlichen Erfolg ausschlaggebend sind: Selbstbewußtsein, Risikobereitschaft, Können und Instinkt. Er ist damit zur Zeit wohl die bedeutendste Unternehmerpersönlichkeit der Welt.

Anmerkung des Autors

Die meisten Software- und Hardware-Bezeichnungen, die in diesem Buch auftauchten, unterliegen als eingetragene Warenzeichen den für sie geltenden gesetzlichen Bestimmungen. Es wurde, um den Textfluß nicht zu behindern, darauf verzichtet, sie ständig als eingetragene Warenzeichen zu kennzeichnen.

Literaturempfehlungen

Buchpublikationen:
Carrol, Paul: Der Computerkrieg. Wien 1994.
Ichbiah, Daniel: Die Microsoft-Story – Bill Gates und das erfolgreichste Software-Unternehmen der Welt. München 1994.
Lammers, Susan: Programmers at Work. Redmond 1986.
Manes, Stephen/Andrews, Paul: Gates – Wie der Microsoft-Chef die PC-Industrie revolutionierte und zum reichsten Mann Amerikas wurde. Bonn, München, Paris 1993.
Pitzer, Sissy: Stichwort: Neue Medien. München 1995.
Postmann, Neil: Wir amüsieren uns zu Tode. Frankfurt/M. 1985.
Wallace, James/Erickson, Jim: »Mr. Microsoft – die Bill-Gates-Story«. Frankfurt/M., Berlin 1994.
Watson, Thomas J. jr./Petre, Peter: Der Vater, der Sohn & die Firma – Die IBM-Story. München 1993.
Weizenbaum, Joseph: Die Macht der Computer und die Ohnmacht der Vernunft. Frankfurt/M. 1978.

Interviews und Geschichten in Zeitschriften:
»Microsklaven« von Douglas Coupland. In: *Spiegel special*, Heft November 1994.
»PC müssen viel praktischer werden«. In: *Chip* Heft 12, 1994.
»Software für den Personalcomputer«. In: *Spektrum der Wissenschaft*, Heft 3, 1989.
»Wir bauen die Datenautobahn«. In: *Der Spiegel*, Heft 20, 1993.